Uwe Bahnsen

Mit Hamburg im Herzen

Helmut Schmidt und seine Vaterstadt

Uwe Bahnsen

Mit Hamburg im Herzen

Helmut Schmidt
und seine Vaterstadt

WACHHOLTZ
MURMANN PUBLISHERS

Lektorat: Werner Irro, Hamburg
Satz: Das Herstellungsbüro, Hamburg
Printed in Germany

ISBN 978-3-529-05160-9

Besuchen Sie uns im Internet:
www.wachholtz-verlag.de

Inhalt

»Wissen Sie, Helmut und ich haben uns von Anfang an gesagt: Bonn ist Arbeitsplatz, Hamburg ist Zuhause. Wir sind während der Kanzlerzeit manchmal nur einmal im Monat, am Wochenende, hierhergekommen. Aber es war bei uns beiden selbstverständlich: Hier ist Zuhause, und in Bonn hat man anständig zu arbeiten. Deswegen haben wir nie Schwierigkeiten gehabt.«

Loki Schmidt [1]

Helmut Schmidt – Staatsmann und Hanseat

Einleitung

Das Jahrhundert hat ihn mit Ehrungen, Auszeichnungen und Preisen überhäuft wie nur wenige Politiker vor ihm. Berühmt wurde er nicht nur durch die Politik, seine Politik, für die er mit unerbittlicher Geradlinigkeit stand. Auch als politischer Schriftsteller wurde er einer der erfolgreichsten deutschen Autoren der Nachkriegszeit. Längst gilt Helmut Schmidt als Persönlichkeit der Zeitgeschichte, als ein Staatsmann von europäischem Rang.

Wie die Historiker sein politisches und sein publizistisches Lebenswerk auch einordnen mögen – für die Nachwelt wird er eine der prägenden Gestalten des vergangenen Jahrhunderts sein und bleiben. Seine Erfahrungen, auch die bitteren, begannen in Hamburg, seiner Vaterstadt, die ihn geprägt hat und die er liebt. Er hat immer wieder bekannt, wie viel er zum Beispiel der Lichtwark-Schule verdankt, wie ihn überhaupt »Hamburgs Genius Loci während der ersten 35 Jahre meines Lebens entscheidend erzogen« habe. Und in Hamburg fand der Heimkehrer aus dem Krieg den Weg zur Sozialdemokratie.

Aber seine Liebe, seine Treue zur Vaterstadt, sein Stolz auf diese »großartige Synthese einer Stadt aus Atlantik und Alster, aus Buddenbrooks und Bebel, aus Leben und Lebenlassen«, der aus seinem berühmt gewordenen »Brief an Hamburger Freunde«[2] spricht – all das hat eine durchaus komplizierte Komponente. Was der Politiker Helmut Schmidt für seine amtliche Pflicht oder auch für das bundespolitische Interesse seiner Partei hielt, war durchaus nicht immer gleichbedeutend mit dem, was seiner Stadt zum Vorteil gereichte. Das führte auch zu harten Auseinandersetzungen vor allem mit der

Hamburger SPD, die persönliche Verletzungen erzeugten. Dieses Buch spart diese Geschichten nicht aus.

Helmut Schmidt gilt als Hanseat par excellence: »Ökonomisch versiert, musisch gebildet, kühl und vornehm, aber mit großer Leidenschaft für das Gemeinwohl« – so hat ihn ein unbefangener auswärtiger Beobachter, der frühere Münchner Oberbürgermeister Christian Ude, beschrieben. Das ist treffend formuliert. Aber man darf dabei nicht außer Acht lassen, dass es eben auch einen anderen Helmut Schmidt gab, der seine Auffassungen und Positionen mit äußerster Schärfe vertrat und dabei alles andere als kühl, sondern lodernd vor politischer Leidenschaft war. Auch das zeigt dieses Buch.

Helmut Schmidt ist plumpe, anbiedernde Vertraulichkeit zuwider, auch das in seiner Partei übliche »Du«, das einhergehen kann mit persönlichem und politischem Hass, bei dem die Solidarität unter Genossen auf der Strecke bleibt. Er hat das alles in einem langen Politikerleben mit Höhen und Tiefen erfahren. Ein zynisches Wort besagt, dass von den großen alten Männern in der Politik am Ende häufig nur noch die alten Männer bleiben. Helmut Schmidt ist ein Beispiel für das Gegenteil.

Der einstige, selbst von Teilen der eigenen Partei geschmähte »Raketenkanzler«, dessen unbeugsame und von der Entwicklung eindrucksvoll bestätigte Politik die größten Protestdemonstrationen in der Geschichte der Bundesrepublik auslöste, genießt heute ein Ansehen, eine Verehrung, die ihn als Folge seiner Lebensleistung zum bedeutendsten Hamburger seines Jahrhunderts hat werden lassen. Er ist Zeitzeuge und Übervater der Nation, Welterklärer, Mahner und Warner. Nicht nur seine Deutungskompetenz der Ereignisse in stürmischer Zeit, nicht nur seine staatsmännische Weisheit, Ergebnis seiner langen und auch herben Erfahrungen, haben ihn in diesen Rang erhoben. Die Verehrung für den Menschen kommt hinzu – das tägliche Beispiel, das er mit den drei Tugenden des Alters gibt: Demut, Dankbarkeit und Disziplin.

Dieser Hanseat verlangt und verdient, dass man sich unvoreingenommen mit der tiefen Furche befasst, die er in seiner Stadt gezogen hat. Das ist das Thema dieses Buches. Helmut Schmidt hat sich in seinem Urteil über Zeitgenossen und Weggefährten niemals, nicht in einem einzigen Fall, von idealisierender Verbrämung leiten lassen. Das ist einer der wichtigsten Gründe für seine Glaubwürdigkeit als Zeitzeuge. Schon allein deshalb hat er selbst Anspruch darauf, dass für seine Leistung, für seine Persönlichkeit als Mensch und als Politiker die gleichen Maßstäbe gelten. Der vaterstädtische Stolz auf diesen Staatsmann und der Respekt vor seinem Lebenswerk kommen dabei nicht zu kurz.

Hamburg, im August 2015
Uwe Bahnsen

Anmerkungen

1 Loki. Hannelore Schmidt erzählt aus ihrem Leben: Im Gespräch mit Dieter Buhl, Hamburg 2003, S. 125.

2 Der »Brief« erschien am 28. Juli 1962 im Hamburg-Teil der »Welt«. Helmut Schmidt enthüllte erst Ende 1965, dass er der Autor war.

»Hinter eine Sache sehen«

Kindheit, Schule, Hitlerjugend

Es war eine typische Hamburger Aufsteigerfamilie, in die Helmut Heinrich Waldemar Schmidt am 23. Dezember 1918 als erstes Kind hineingeboren wurde. Der kleine Helmut erblickte in der Frauenklinik an der Finkenau 35 das Licht der Welt. Der Vater, Gustav Schmidt, hatte sich aus ganz einfachen Verhältnissen hochgearbeitet. Gustav Schmidt war am 18. April 1888 als unehelicher Sohn des deutsch-jüdischen Bankiers Ludwig Gumpel auf die Welt gekommen. Seine Mutter, Friederike Wenzel, arbeitete als Kellnerin im Altonaer Bahnhofsrestaurant. Wegen Diebstahls und Betrugs, wahrscheinlich Jugenddelikte aus Not, hatte sie eine dreimonatige Gefängnisstrafe verbüßt und galt als vorbestraft.

Die ledige Mutter hatte ihr Kind wenige Wochen nach der Geburt von dem ihr gut bekannten Ehepaar Johann Gustav und Katharina Schmidt, einer Arbeitskollegin, adoptieren lassen. Dessen Lebensverhältnisse waren ebenfalls ärmlich. Johann Gustav Schmidt schlug sich als Hausmeister, als ungelernter Arbeiter, schließlich als Straßenreiniger und Lagerarbeiter durch, seine Frau Katharina verdiente als »Buffetmamsell« dazu.

Der Adoptivsohn Gustav Schmidt zeigte schon als Volksschüler die für einen sozialen Aufsteiger typischen Eigenschaften: Fleiß, Intelligenz und Zielstrebigkeit. Seine Leistungen waren so gut, dass er nach der achten noch eine neunte Klasse für begabte Schüler, die sogenannte Selekta, besuchen konnte. Nach der Lehre in einer Anwaltskanzlei mit dem Berufsziel Bürovorsteher ermöglichte ihm ein vermögender Förderer, der vermutlich in diskretem Auftrag seines leiblichen Vaters Ludwig Gumpel handelte, den Besuch eines dreijährigen Lehrerseminars. Er legte erfolgreich die erste und die

Ein stolzer Vater präsentiert seine Familie und seine gute Stube. Familie Schmidt im Jahr 1924, der ältere Sohn Helmut in der Mitte.

zweite Lehrerprüfung ab. Mit sechsundzwanzig Jahren heiratete er am 30. August 1914, unmittelbar vor seiner Abreise an die Front des Ersten Weltkriegs, die vierundzwanzigjährige Ludovica Koch. Nach dem Krieg, den er als Folge einer Verwundung überwiegend in einer Garnison in Schleswig überstand, brachte er es nach einem strapaziösen Abendstudium bis zum Diplomhandelslehrer und schließlich bis zum Studienrat und Leiter einer kleinen Handelsschule.

Für einen Mann aus einfachsten Lebensverhältnissen war das eine enorme Leistung.[1] Das proletarische Milieu, aus dem er kam, hatte er nicht nur im Hinblick auf seine materiellen Lebensumstände, sondern auch nach seinem Selbstverständnis und Selbstwertgefühl weit hinter sich gelassen. Er durfte sich durchaus als Teil des Bürgertums empfinden. Das galt auch für seine Ehefrau Ludovica, die einer soliden Handwerkerfamilie entstammte. Ihr Vater war Setzer und Drucker und gehörte damit zur tonangebenden Schicht der Arbeiterbewegung, in der er sich jedoch nicht aktiv betätigte.

Das Problem in der Familie Schmidt – ein Foto aus dem Jahre 1924 zeigt deren Zugehörigkeit zum Bürgertum in schon fast demonstrativer Deutlichkeit – waren die Erziehungsmethoden des Vaters: Gustav Schmidt wollte die Härte, die Strenge und Selbstdisziplin, mit der er sich nach oben gekämpft hatte, auch bei seinen beiden Söhnen Helmut und dem zweieinhalb Jahre jüngeren Wolfgang durchsetzen. Das schloss die Mittel körperlicher Züchtigung, auch durch den Rohrstock, ein. Die Folge war, dass seine Söhne ihn zwar als Respektsperson empfanden, jedoch kaum als liebevollen Vater. Herzenswärme und das Glück familiärer Geborgenheit erfuhren Helmut und Wolfgang im Wesentlichen in der Familie der Mutter.

Der Vater hingegen verlangte von ihnen Leistung, Selbstbeherrschung und als unerlässliche Voraussetzung für jedes Fortkommen strikte Disziplin und Pflichterfüllung. Lob und Zuspruch waren in diesem Kanon nicht vorgesehen. Helmut Schmidt hat seine eigene Rolle in der Familie in autobiografischen Notizen während der Gefangenschaft 1945 mit der selbstkritischen Feststellung beschrieben: »Ich war ein kleiner Rechthaber.«[2] Aber zugleich, das bezeugen alle verfügbaren Quellen, legte er einen nahezu unstillbaren Wissensdurst an den Tag, und zwar »endlos, um hinter eine Sache zu sehen«, wie er selbst es damals formulierte.[3]

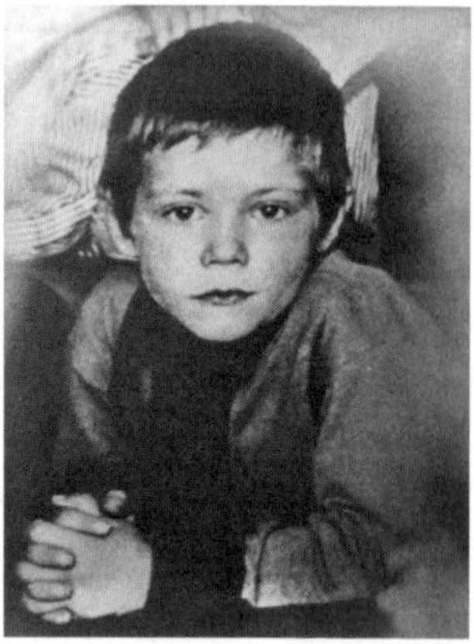

Ein aufgeweckter Junge.

Die Familie wohnte in Barmbek in der Richardstraße 65, doch Vater Gustav Schmidt bestimmte, dass seine beiden Söhne die Volksschule Wallstraße 22 östlich der Außenalster im Stadtteil St. Georg besuchen sollten. Den weiten Schulweg nahm er in Kauf. Er kannte diese Schule, da er dort seine Ausbildung zum Volksschullehrer absolviert hatte. Mit dieser Funktion als »Seminarschule« hing es auch zusammen, dass die Klassen kleiner waren als sonst in den Hamburger Volksschulen üblich; auch galt das Lehrerkollegium als überdurchschnittlich gut.

Helmut Schmidt hat gleichwohl die vier Jahre von 1925 bis 1929, die er auf dieser Schule verbrachte, nicht in guter Erinnerung. Maßgebend dafür war vor allem, dass sich dort fortsetzte, was ihm zu Hause zutiefst zuwider war – die körperliche Züchtigung mit Lineal und Rohrstock. Es war eben eine Pauk- und Prügelschule wie zu Kaisers Zeiten, und es war bezeichnend, dass in dieser Grundschule noch immer am 2. September der »Sedantag«, der Jahrestag der Kapitulation der französischen Armee nach der Schlacht von Sedan 1870, begangen wurde, obwohl die Weimarer Republik den Gedenktag 1919 abgeschafft hatte. Noch im hohen Alter erinnert sich Helmut Schmidt daran.[4] Die meisten Lehrer waren bei den Schülern unbeliebt.

Die Frage, welche weiterführende Schule seine beiden begabten Söhne besuchen sollten, entschied Gustav Schmidt erneut nach eigenem Gutdünken. Diesmal erwies sich seine Wahl, die in der Familie durchaus für Verblüffung sorgte, als Glücksfall: Helmut und Wolfgang sollten die Lichtwark-Schule besuchen. Dort herrschten völlig andere Grundsätze als in der Familie Schmidt oder an der Volksschule Wallstraße. Pädagogisch war diese Schule eine erste Adresse, doch in einem ganz anderen Sinn als zum Beispiel die traditionsbewusste Gelehrtenschule des Johanneums, die bevorzugte Bildungsstätte für die Söhne des Hamburger Großbürgertums. Die Gründe, die Gustav Schmidt bewogen haben, seine Söhne der Lichtwark-Schule anzuvertrauen, lassen sich nicht mehr eindeutig klären.

Ostern 1929 begann Helmut Schmidts Schulzeit in dieser Reformschule, die nach dem bahnbrechenden Kunsthistoriker und Museumspädagogen Alfred Lichtwark (1852 – 1914), dem langjährigen Direktor der Hamburger Kunsthalle, benannt worden war. Lichtwarks herbe Kritik am Schulwesen des Kaiserreiches war hier konzeptionell übernommen worden. »Die Schule geht vom Stoff aus und bleibt am Stoff kleben«, hatte er bereits 1890 verkündet. »Sie sollte von der Kraft ausgehen und Kräfte entwickeln. Mit ihrer ausschließlichen Sorge um den Lehrstoff hat die Schule satt gemacht. Sie sollte hungrig machen.«[5]

Die Lichtwark-Schule hat Helmut Schmidt nachhaltig geprägt, ebenso wie seine Mitschülerin Hannelore Glaser, die mit ihm in einer Klasse ist und bis zum Abitur auch bleiben wird. Als seine Ehefrau Loki Schmidt wird sie später gemeinsam mit ihm zu internationalem Ruhm kommen. Hannelore wird knapp zehn Wochen nach Helmut geboren, am 3. März 1919. Ihr Elternhaus ist ärmlich, es besteht aus einer überbelegten Mietwohnung in der Schleusenstraße in Hammerbrook, die sich die Großeltern mit ihren vier Töchtern und deren Familien teilen müssen.

Helmut und Loki Schmidt haben noch im hohen Alter bekundet,

Helmut (zweiter von rechts) hält die Fäden in der Hand, während seine Klassenkameradin Hannelore (Loki) Glaser in die Kamera lächelt.

wie viel sie der Lichtwark-Schule verdanken. Loki Schmidt, die ausgebildete Pädagogin:

> »Den Hamburger Reformschulen in den zwanziger Jahren war es ganz wichtig, dass Kinder sich Dinge selbständig erarbeiteten. [...] Sie waren in jener Zeit pädagogisch wirklich das Beste, was es in Deutschland gab. [...] Hamburg war der Kern. Hier ist die pädagogische Reformbewegung entstanden. [...] Wir sind mit zehn Jahren in diese Schule gekommen. Abitur haben Helmut und ich dort beide mit achtzehn gemacht. Das Heranwachsen ist eine ganz entscheidende Phase in jedem Leben, und in der bin ich nachhaltig von dieser Schule geprägt worden. [...] Ferner hat die musische Erziehung eine große Rolle gespielt, genauso, wie Alfred Lichtwark sich das als ehemaliger Museumsdirektor vorgestellt hat. [...] Nicht nur Kunst aufnehmen, betrachtend rezipieren, sondern auch selbst ausüben war seine Devise. Das spielte eine Rolle im Unterricht, beim Musizieren und Malen,

beim Schnitzen, Metallarbeiten und Ähnlichem. Auch bei Klassenreisen kam das Musische nicht zu kurz, wenn beispielsweise Architektur betrachtet wurde.«[6]

Die Lichtwark-Schule, 1914 in Winterhude als Realschule mit dem Bildungsziel selbstbestimmter und verantwortlicher Teilhabe an der Demokratisierung des gesellschaftlichen Lebens gegründet, war die einzige Oberschule der Reformschulbewegung, die bis zum Abitur führte. Sie wurde das Aushängeschild der Bewegung in der Hansestadt.[7]

Ihr Konzept war ein konsequentes Kontrastprogramm zu den pädagogischen Zielen der Realschulen und Gymnasien. Einer der Pädagogen der Lichtwark-Schule fand dafür prägnante Formulierungen:

> »Frei von jedem Nützlichkeitsgedanken lebt sich der Schüler Jahr für Jahr mehr hinein in die deutsche Sprache und Literatur, deutsches Staats- und Wirtschaftsleben, deutsche Kunst und deutsches Volkstum, indem er die Gegenwart in ihrer Entstehung aus der Vergangenheit kennenlernt und durch eigene Arbeit in sie hineinwächst. Auf die eigene Arbeit aber kommt es an. Die Lichtwark-Schule lehnt den einseitigen Intellektualismus unseres bisherigen Bildungswesens ab. In der Schule soll selbständig gearbeitet, nicht nur gelernt werden.«[8]

Der Lehrplan stellte kulturelle Werte in den Mittelpunkt und betonte den Gemeinschaftsgedanken. Die wichtigsten Fächer waren Deutsch, Englisch, Geschichte, Erdkunde, Musik, Kunst, Wirtschaftslehre sowie Werkunterricht. Die Einführung der Koedukation und die tägliche Sportstunde stellten weitere Besonderheiten dar. Rektor der Schule war von 1926 bis zu seiner Entlassung 1933 der spätere Schulsenator Heinrich Landahl.

Gelassen, aufmerksam, selbstbewusst. Ein Hamburger Jung aus einfachen Verhältnissen, mit Blick nach vorn.

Die Bildungs- und Erziehungsziele dieser Schule, vor allem ihr freiheitlicher, weltoffener Geist, der die Urteilsfähigkeit der jungen Menschen stärken wollte, waren für das NS-Regime unerträglich. Schon 1933 begannen die Diffamierungen als »Mistbeet«, als »Judenschule« und »roter Saustall«. Im Zuge der von den Nationalsozialisten betriebenen Gleichschaltung wurde das Profil der Schule schrittweise verändert.

1937 wurde die Lichtwark-Schule endgültig von der Landesunterrichtsbehörde aufgelöst und mit dem Heinrich-Hertz-Realgymnasium zur Oberschule am Stadtpark für Jungen zusammengelegt. Helmut Schmidt und Hannelore Glaser gehörten zum letzten Jahrgang, der 1937 hier die Reifeprüfung ablegen konnte.

Für Helmut Schmidt war das Leben unter und mit dem NS-Regime mit Problemen verbunden. Er stammte aus einem unpolitischen Elternhaus, in dem über Politik nicht diskutiert wurde. Das galt selbst dann, wenn es sich um Vorgänge handelte, die die Familie unmittelbar betrafen, wie während des »Hamburger Aufstands« der KPD im Oktober 1923. Zu dessen Zentren gehörte Barmbek, wo die Familie wohnte. Gegenüber der Wohnung in der Richardstraße brannte die Wagnerbrücke, eine Holzbrücke über den Eilbekkanal, ab; Helmut Schmidt erinnerte sich später daran, und ebenso an das Schweigen in der Familie anlässlich des Geschehens. Auch so schwerwiegende Ereignisse wie der »Altonaer Blutsonntag« am 17. Juli 1932, der als Folge eines SA-Propagandamarsches achtzehn Todesopfer forderte und zum »Preußenschlag« führte, blieben in der Familie Schmidt ohne Resonanz.[9]

Inzwischen wohnte die Familie in der Schellingstraße 9 in Eilbek. Dort waren Gewalttätigkeiten zwischen Nazis und Kommunisten 1932 und Anfang 1933 an der Tagesordnung. Der Todeskampf der Weimarer Republik fand auf den Straßen und in den Hinterhöfen statt. Wenn dabei für die Anwohner Gefahr drohte, weil geschossen wurde, übernahm der einstige Frontsoldat Gustav Schmidt das

Kommando und befahl seiner Familie: »Licht aus, unter die Fensterbank ducken!« Das war alles.[10]

Aber es gab Situationen, in denen die Eltern um Erklärungen und Begründungen nicht herumkamen. 1932 hatten sie ihrem Sohn Helmut verboten, Mitglied einer der vielen Jugendgruppen zu werden, die damals mit Freizeitangeboten ganz unterschiedlicher Art, vor allem aber mit Gemeinschaftserlebnissen, etwa am Lagerfeuer, die Jugendlichen lockten. Die Gruppen wollten die arbeitslosen Jugendlichen in ein stabiles Sozialgefüge einbinden und vor dem Abgleiten in die Kriminalität oder die politische Radikalität bewahren.

Eine Begründung für ihr Verbot gaben die Eltern nicht. Als die Jugendgruppen 1933 zwangsweise in die Hitlerjugend integriert wurden, wiederholte der Fünfzehnjährige seinen Wunsch. Diesmal war das Verbot noch strikter, und endlich erfuhr der Junge von der Mutter auch den Grund: »Weil du einen jüdischen Großvater hast.« Die Mutter beschwor ihn, er müsse dies unter allen Umständen für sich behalten. Da der Vater Halbjude sei, würde er den Schuldienst verlassen müssen, sobald dies bekannt werde.[11]

Helmut Schmidt und sein jüngerer Bruder Wolfgang verstanden nun, weshalb die Eltern das NS-Regime so strikt ablehnten. Diese klare Haltung und der noch immer wirksame Einfluss der Lichtwark-Schule verhinderten indes nicht, dass Helmut Schmidt zeitweise Sympathien für den Nationalsozialismus entwickelte. Auch ein typischer Generationenkonflikt, der damals sein schwieriges Verhältnis zum Vater noch weiter belastete, mag dabei eine Rolle gespielt haben. Jedenfalls wurde Helmut Schmidt, der seit 1933 zur Ruder-Riege seiner Schule gehörte und deren »Kapitän« war, im Frühjahr 1934 Mitglied der Marine-HJ, in der die Rudergruppen der Schulen und Vereine zusammengefasst wurden.[12] Auch in seinem Fall zeigte sich: Die Anziehungskraft des Nationalsozialismus lag vor allem darin begründet, dass er behauptete, der jungen Generation endlich eine Chance zu geben.

Helmut Schmidt avancierte in der Marine-HJ zum Kameradschaftsführer, später zum Scharführer, der auch Veranstaltungen zu leiten hatte. Er engagierte sich. Dem Kuttersegeln auf der Außenalster mit Rettungs- oder Marineausbildungsbooten, die zum Segeln eingerichtet worden waren, widmete er sich mit Begeisterung. Der Erwerb der Segelscheine, überhaupt die in der Marine-HJ betriebene Vorbereitung auf die Seemannschaft, waren für ihn weitaus wichtiger als das alltägliche Programm der HJ mit seinen zumindest verbalen Konzessionen an das Regime, die damit auch verbunden gewesen sein mögen. Die Vorstellung, ein Jugendlicher hätte in der NS-Zeit permanent gegen den Strom schwimmen können, hat mit der Lebenswirklichkeit dieser Jahre vor dem Krieg nichts zu tun.

Der NS-Ideologie war Helmut Schmidt jedoch keineswegs kritiklos erlegen. Als er Anfang September 1936 am »Adolf-Hitler-Marsch« der HJ zum Nürnberger Parteitag teilnahm, der nach dem Willen Hitlers und der NS-Führung als »Reichsparteitag der Ehre« das propagandistische Schlusskapitel der Rheinlandbesetzung sein sollte, gewann er den Eindruck, die HJ sei dort lediglich als »Kulisse« missbraucht worden und das ganze Aufmarsch-Theater sei »Mache« gewesen.

In der Marine-HJ nahm er, seinem Naturell folgend, kein Blatt vor den Mund, nachdem er schon auf dem Parteitag durch despektierliche Reden aufgefallen war. Jedenfalls verhielt er sich alles andere als angepasst. Die Folge war, dass er als Scharführer abgesetzt wurde. Das Thema Marine-HJ war damit für ihn erledigt.[13]

Der Schüler Helmut las viel in diesen Jahren, vorzugsweise die großen Klassiker der Weltliteratur, etwa Iwan Turgenjew, bis hin zu den frühen Romanen von Thomas Mann. Das erweiterte seinen Horizont, und die Deutschlehrerin Erna Stahl, eine konsequente NS-Gegnerin, hatte daran einen großen Anteil. Das Abitur bestand Helmut Schmidt im Frühjahr 1937 mit guten bis sehr guten Ergebnissen. Auch ein klares Berufsziel hatte er: Er wollte Architekt werden.

Anmerkungen

1 Zu den Vorfahren Helmut Schmidts vgl. Hartmut Soell: Helmut Schmidt. 1918 – 1969. Vernunft und Leidenschaft, München 2003, S. 47 ff. Ferner Sabine Pamperrien: Helmut Schmidt und der Scheißkrieg, München 2014, S. 21 ff.

2 Soell, S. 63.

3 Ebd., S. 64.

4 Helmut Schmidt / Fritz Stern: Unser Jahrhundert. Ein Gespräch, München 2010, S. 102.

5 Reiner Lehberger / Loki Schmidt: Die Biographie, Hamburg 2014, S. 41 ff.

6 Loki. Hannelore Schmidt erzählt aus ihrem Leben, Hamburg 2003, S. 64 ff.

7 Das Schulgebäude am Grasweg in Winterhude wurde nach Plänen des Oberbaudirektors Fritz Schumacher errichtet. Es war auch architektonisch ein Gegenentwurf zum nahe gelegenen Johanneum. Heute befindet sich in dem Gebäude die Heinrich-Hertz-Schule.

8 Zitiert nach Henning Albrecht: »Pragmatisches Handeln zu sittlichen Zwecken«. Helmut Schmidt und die Philosophie, Bremen 2008, S. 25 ff.

9 Am 20. Juli 1932 setzte der Reichskanzler Franz von Papen die damals ohne parlamentarische Mehrheit nur geschäftsführend amtierende preußische Staatsregierung ab und ernannte an ihrer Stelle einen ihm unterstehenden Reichskommissar.

10 Soell, S. 73.

11 Ebd., S. 75. Vater Gustav Schmidt gehörte seit 1933 dem Nationalsozialistischen Lehrerbund an. Helmut Schmidts Bruder Wolfgang hat bezweifelt, dass dieser schon vor 1945 von der jüdischen Abstammung des Vaters erfahren hat. Die Brüder erinnern sich unterschiedlich. Vgl. dazu ebd., S. 870, Fußnote 86.

12 Zur Mitgliedschaft und Rolle Helmut Schmidts in der Hitlerjugend vgl. detailliert Pamperrien, S. 83 ff.

13 Soell, S. 84.

»Bei gutem Willen unbedingt korrekt«

Als Offizier im Krieg

Um das Studium später nicht unterbrechen zu müssen, meldete Helmut Schmidt sich, wie viele Abiturienten damals, vorzeitig zum Arbeits- und Wehrdienst. Er wollte diese insgesamt zweieinhalb Jahre hinter sich bringen. Anfang April 1937 wurde er einem Lager des Reichsarbeitsdienstes (RAD)[1] in Reitbrook in den Vierlanden zugeteilt und im Deichbau an der Dove Elbe eingesetzt. Natürlich sollten die jungen Menschen in ihrer Arbeitsdienstzeit nicht nur gemeinnützige Arbeit leisten. Sie sollten auch im Sinne der NS-Ideologie indoktriniert werden, und so mussten sie politischen Unterricht von einem RAD-Feldmeister über sich ergehen lassen. Dieser Referent war jedoch, wie Helmut Schmidt sich erinnerte, seiner Aufgabe nicht im Entferntesten gewachsen, denn er »trug uns primitivste Nazi-Ideologie vor, die er mit offenbar angelesenen, aber nicht verstandenen Beispielen aus der Geschichte anzureichern versuchte. Das stank vielen von uns; ich dachte: Genau das Gegenteil muss man glauben!«[2]

Helmut Schmidt geriet vorübergehend unter den Einfluss eines RAD-Kameraden, der ihm eine kommunistische Weltsicht vermittelte, und so »war ich also als Achtzehnjähriger auf dem Wege, Kommunist zu werden.«[3] Das blieb indessen eine Episode.

Nachhaltiger war eine andere Erfahrung. Das erklärte Ziel der Arbeitsdienstpflicht war die »Volksgemeinschaft«, die Beseitigung der überkommenen »Klassengegensätze«. Bei dem jungen Helmut Schmidt, dessen Eltern ja selbst zu den Aufsteigern gehörten, scheiterte das völlig. Notizen aus dieser Zeit bezeugen seine »Ernüchterung über das Erlebnis der unteren Klassen«.[4] Das war kein Verdikt über »einfache Verhältnisse«, mit denen er nie ein Problem hatte.

Widerwillen empfand er aber schon damals gegen Primitivität im Denken, Reden und Handeln. Ein weiteres Ergebnis seiner Arbeitsdienstzeit war, wie derselben Notiz zu entnehmen ist, eine »endgültige Abkehr, wenn zunächst auch nur tastend, vom NS«. Ein anfängliches Sympathisieren mit dem Nationalsozialismus gab es damals bei vielen jungen Menschen aus dem Bildungsbürgertum, übrigens auch bei späteren Widerstandskämpfern gegen das NS-Regime.

Am 30. September 1937 wurde Helmut Schmidt aus dem Reichsarbeitsdienst entlassen. Wer sich vorzeitig zum Wehrdienst meldete, konnte sich innerhalb gewisser Grenzen die Waffengattung aussuchen. Er entschied sich für die Bodentruppe der Luftwaffe, die Luftabwehr, die wegen ihrer Waffen, der Flugabwehrkanonen, die »Flak« genannt wurde. Das war eine neue Truppe, deren Selbstverständnis zudem wegen ihrer anspruchsvollen Waffentechnik als durchaus elitär galt. Helmut Schmidt verband mit seiner Wahl auch die Hoffnung, den Wehrdienst in seiner Heimatstadt ableisten zu können, die schon 1937 nach Einschätzung der Luftwaffenführung zu den »besonders luftkriegsgefährdeten« deutschen Städten zählte und entsprechend umfangreich geschützt werden sollte.

Er meldete sich am 4. November 1937 in der Kaserne Osdorf zum Dienstantritt und erlebte sogleich eine herbe Enttäuschung: Zusammen mit anderen Rekruten wurde er noch am selben Abend nach Grohn im Norden Bremens transportiert, wo eine neue Kaserne für das Flakregiment 27 gebaut worden war. Rekrut Schmidt gehörte nun zur 4. Batterie der I. Abteilung. Er hatte Glück, denn unter seinen Stubenkameraden gab es »keinen Nazi, und nachdem wir uns näher kennengelernt hatten, stimmten wir überein in der ausdrücklichen Überzeugung: ›Gott sei Dank, jetzt sind wir endlich im einzig anständigen Verein.‹«[5] Dieses Bewusstsein half ihm über den Kasernenhofdrill hinweg, den er manchmal durchaus als schikanös empfand. Seine Rekrutenzeit, mit der intensiven und gründlichen Ausbildung am Geschütz und in der Ballistik, blieb ihm als unbeschwert in der Erinnerung, auch wegen mancher Freundschaften, die damals entstanden und den Krieg und spätere Jahrzehnte überdauerten.

Hitler konnte von 1935 bis 1938 einen außenpolitischen Erfolg nach dem anderen verbuchen. Er schien die europäische Politik zu bestimmen, weil die Westmächte ihm Konzessionen machten, die sie dem Deutschen Reich der Weimarer Republik beharrlich verweigert hatten. Das ließ in weiten Teilen der Bevölkerung und ganz besonders in der Wehrmacht und ihrem Offizierkorps den Eindruck entstehen, der Führer bringe alles, was auch immer er anpacke, zu einem guten Ende.

Auch der junge Soldat Helmut Schmidt war mit Feuereifer bei der Sache. Er wurde zum Geschützführer ernannt. »Ich hatte«, berichtet er, »sechs oder sieben erwachsene Männer unter mir und musste von ihnen mit ›Herr Geschützführer‹ angeredet werden. Ich kam mir sehr wichtig dabei vor.«[6] Die Leistungen des Zwanzigjährigen, der inzwischen zum Unteroffizier befördert worden war, veranlassten seine Vorgesetzten, ihm die Laufbahn eines aktiven Berufsoffiziers vorzuschlagen. Doch Helmut Schmidt hatte andere Pläne. Er wollte »draußen den Wind der Welt spüren.«[7]

Ende September 1939 endete sein Wehrdienst. Bereits im August erschien er in Zivil in der Personalabteilung der Deutschen Shell am Alsterufer in Hamburg und bewarb sich als Volontär. Er hoffte auf eine Chance in diesem international tätigen Konzern, vielleicht im damaligen Holländisch-Indien, dem heutigen Indonesien; die zu diesem Zeitpunkt schon sehr reale Kriegsgefahr war für ihn offenbar kein Hinderungsgrund.

Nur wenige Tage später waren die Pläne Makulatur: Am 24. August 1939 erhielt das Flakregiment 27 den Mobilmachungsbefehl. Damit begann die Kriegsdienstpflicht der Soldaten. Am Vormittag des 1. September saß der Unteroffizier Schmidt in der Kaserne gemeinsam mit seinen Kameraden am Rundfunkgerät und hörte die Übertragung der Reichstagsrede, mit der Hitler den Beginn der militärischen Operationen gegen Polen bekannt gab und die Welt glauben machen wollte: »Seit 5 Uhr 45 wird jetzt zurückgeschossen!« Den Ausbruch des Krieges haben die Soldaten, wie Helmut Schmidt sich erinnerte, »wie ein Naturereignis hingenommen«.[8]

Seine Einheit, nun die Reserveflakabteilung 261, wurde bei der Luftabwehr zunächst in Bremen, später in Hamburg, in Oberschlesien und in Holland eingesetzt. Dieses erste Kriegsjahr 1940 war das Jahr der deutschen Siege. Hitlers Militär schien unüberwindlich. Erst Polen, dann Dänemark und Norwegen, Holland, Belgien und Frankreich: Nie war Hitler mächtiger. Hatte er 1938 als Staatsmann die Deutschen in Österreich und im Sudetenland »heim ins Reich« geholt, so schien er nun als Feldherr unbezwingbar zu sein. Die überschäumende Begeisterung der Berliner bei der großen Siegesparade in der Hauptstadt am 27. Juli 1940 nach dem Westfeldzug war nicht von Goebbels und seinen Propagandaexperten gesteuert, sondern sie war ein Ausdruck der Stimmung im Volk und in der Wehrmacht. Man glaubte an den Führer – und Helmut Schmidt eben auch, trotz mancher Vorbehalte gegen das NS-Regime.

Im Sommer 1940 drängte es den Leutnant Helmut Schmidt dorthin, wo gekämpft wurde, und er bewarb sich um Aufnahme in die Fallschirmjägertruppe. Er wurde angenommen, doch zur Aufnahme in diese Truppe kam es nicht mehr. Sein früherer Batteriechef Paul Ullrich, inzwischen Stabsoffizier, hatte ihn angefordert, und so wurde Schmidt am 26. Oktober 1940 zur Lehrinspektion IV des Generals der Flakwaffen im Reichsluftfahrtministerium versetzt. In dieser Dienststelle in der Berliner Knesebeckstraße, und zeitweise in der Flakartillerieschule im pommerschen Stolpmünde, hatte er nun Schießvorschriften für leichte Flakgeschütze zu bearbeiten und Ballistik zu unterrichten.

Der Kommandeur dieser Schule, Major Kurt Andersen, kam am 14. Dezember 1940 in einer Beurteilung des Leutnants Schmidt zu einem durchwachsenen Befund. Zwar sei dieser »ein sehr intelligenter Offi-

Helmut Schmidt, Leutnant der Luftwaffe.

zier mit vielen Interessen, jedoch kleinen Mängeln in der allgemeinen und militärischen Erziehung. Er steht besonders auf geistigem Gebiet über dem Durchschnitt.« Zu den »kleinen Mängeln« rechnete der Major, Leutnant Schmidt könne sich »bei gutem Willen unbedingt korrekt benehmen, die Passion verleitet ihn jedoch zu Unkorrektheiten und Vertraulichkeiten. Gegen Untergebene ist er energisch.«[9]

Helmut Schmidt hatte damals selbst das Gefühl, dass ihm in Hinblick auf den gesellschaftlichen Schliff, der von einem jungen Offizier erwartet wurde, noch etwas fehlte. Ein anderes Manko ließ sich deutlich schwieriger ausgleichen:

> »Für die Gespaltenheit meines damaligen Bewusstseins ist es bezeichnend, dass ich den katastrophalen Ausgang des Krieges zwar deutlich vor Augen hatte, mich aber schämte, anders als die Mehrheit aller Soldaten auf den Straßen Berlins auf meiner Uniform keinerlei Tapferkeitsorden tragen zu können, weil ich ja an keinem Feldzug teilgenommen hatte. So kam es, dass ich mich, unzufrieden mit dem ruhmlosen Papierkrieg in Berlin, darum bewarb, zur kämpfenden Truppe versetzt zu werden.«[10]

Da am 22. Juni 1941 der deutsche Überfall auf die Sowjetunion begonnen hatte, bedeutete das die Ostfront.

Vor seiner Abreise kam es zu einer privaten Entwicklung, die sein Leben prägend beeinflussen sollte: Seine Schul- und Jugendfreundin Hannelore Glaser, in der Familie und der Lichtwark-Schule stets nur »Loki« genannt, war mittlerweile Volksschullehrerin in Hamburg. Mit einem Brief aus Stolpmünde hatte er den Kontakt zu ihr erneuert, und die Korrespondenz, die sich daraus entwickelte, hatte dazu geführt, dass beide ein Treffen am 17. August 1941 in Berlin vereinbarten.

Sie erinnerte sich: »Ich hatte zwei Wochen Urlaub bekommen. Weil ich so erschöpft von der vielfältigen Arbeit war. Da haben wir verabredet, dass ich ihn in Berlin besuche. Dort haben wir uns ineinander verliebt und auch schon beschlossen: Wenn Helmut heil aus Russland zurückkommt, wollen wir heiraten.«[11] Beide waren zweiundzwanzig Jahre alt.

Nur eine Woche später, am 25. August, flog Leutnant Helmut Schmidt mit einer Ju 52 an die Ostfront, nach Pskow, deutsch Pleskau, einer Großstadt im Nordwesten der Sowjetunion, etwa 300 Kilometer südwestlich von Leningrad. Hier hatten sich zentrale Militärbehörden der deutschen Besatzungsverwaltung, aber auch die Einsatzgruppen des SD (Sicherheitsdienst der SS), des Terrorapparates zur Bekämpfung und Vernichtung politischer Gegner, etabliert. In Pskow wurden auch die militärischen Vorbereitungen für den Großangriff auf Leningrad und die Eroberung der Stadt koordiniert.

Hitlers Entscheidung vom Dezember des Jahres, wegen seiner von ihm für unfähig gehaltenen Generäle selbst den Oberbefehl über das Heer zu übernehmen, löste bei Schmidt harsche Reaktionen aus: »[…] habe ich gedacht, dass Hitler größenwahnsinnig sein müsse.« Und er notiert, wenngleich erst nach dem Krieg: »Erstmaliger Knacks im persönlichen Vertrauen zum Führer.«[12]

Was Helmut Schmidt damals im Osten erlebte, ließ ihn sehr kritisch über den Feldherrn Hitler nachdenken, über den Sinn dieses Feldzugs, über das NS-Regime und den wahrscheinlichen Ausgang dieses Krieges. Und dennoch kämpfte er weiter, wie seine Kameraden auch:

> »Nachts, wenn ich aus diesem oder jenem Grund oder auch vor Angst nicht schlafen konnte, dachte ich darüber nach. Aber tagsüber taten wir das, was uns befohlen war, und so auch ich:
> Es brauchte niemand hinter mir zu stehen, um mich zu beaufsichtigen; ich tat von mir aus, was ich für meine soldatische Pflicht hielt. Doch nachts dachte ich dann abermals: Hoffentlich ist dieser Krieg bald zu Ende.«[13]

Anfang Januar 1942 wurde dem Leutnant Helmut Schmidt das Eiserne Kreuz II. Klasse verliehen, und er erhielt die – möglicherweise lebensrettende – Versetzung an die Flakartillerieschule II in Bonn. Am 14. Januar 1942 fuhr er zurück nach Deutschland. Zunächst kam er für ein paar Tage nach Hamburg, um Loki und die Familie wiederzusehen.

Abgesehen von ein paar kleineren Blessuren und sehr schmerzhaften rheumatischen Beschwerden hatte er die fünf Monate an der Ostfront heil überstanden. Das junge Paar bekräftigte seine Heiratsabsicht. Für die Heiratserlaubnis war der Ariernachweis erforderlich – ein Problem, das Helmut Schmidt zunächst angesichts des jüdischen Großvaters erhebliches Kopfzerbrechen bereitete und dann doch mit Hilfe der Papiere des Vaters Gustav Schmidt leichter gelöst werden konnte, als er zunächst befürchtet hatte. Auch der obligatorische Besuch der Braut bei dem Kommandeur, der darüber zu befinden hatte, ob sie »standesgemäß« war, verlief günstig.

Zum 1. April wurde Helmut Schmidt, sicher auch als Folge seiner Leistungen an der Front, zum Oberleutnant befördert. Am 27. Juni 1942 wurden Loki und Helmut Schmidt in Hamburg standesamtlich getraut, sie feierten mit den Familien, und wenige Tage später, am 1. Juli, folgte in Hambergen im Norden Bremens die kirchliche Trauung ohne Familien. Die Lehramtsstudentin Hannelore Glaser hatte in der dortigen Kirchengemeinde ein Praktikum absolviert und dabei den Pastor Rudolf Flügge kennengelernt. Das junge Ehepaar verband mit der kirchlichen Trauung weniger das innere Bekenntnis zum Christentum, sondern die Hoffnung, dass die Kirche den Menschen nach diesem Krieg, der nach ihrer Erwartung ein schlimmes Ende für Deutschland nehmen würde, Halt und Orientierung zum Guten bieten könnte.

Die jungen Eheleute Schmidt sahen sich alle drei bis vier Wochen in Hamburg. Helmut Schmidt war im August wieder nach Berlin versetzt worden. Als Referent für leichte Flak bearbeitete er wieder

Standesamtliche Trauung des jungen Ehepaars am 27. Juni 1942, mit den beiden Trauzeugen.

Schießvorschriften und wurde als Ausbilder eingesetzt. Vater Gustav Schmidt hatte ihnen eine geräumige Wohnung zur Untermiete in der Gluckstraße 51 in Barmbek vermittelt; die Hauptmieter lebten in dem von deutschen Truppen besetzten Polen.

Die private Bilanz war für Helmut und Loki Schmidt in dieser zweiten Jahreshälfte 1942 rundum positiv. Gewiss wurde die Versorgungslage allmählich schwieriger, der nächtliche Fliegeralarm häufiger, und Lokis Klassen wurden größer, der Unterricht anstrengender. Aber sie schaffte das alles. Helmut Schmidt notierte sich: »Ich bin stolz auf die tüchtige Hausfrau Loki. Unsere Freunde beneiden uns … Weihnachten großes Treffen …«[14]

Während die Tragödie um Stalingrad stattgefunden hatte und Hunderttausende Soldaten gefallen oder in Gefangenschaft geraten waren, unterrichtete Oberleutnant Schmidt auf Schießplätzen quer durch Westeuropa, auch in den besetzten Gebieten. Im Sommer 1943 meinte es das Schicksal besonders gut mit ihm: Er wurde nach Rerik an der Ostsee geschickt, wo die Flaksoldaten ausgebildet wurden. Loki, die Lehrerin, hatte große Ferien, und wie sie später berichtete, brachte das ihren Mann »auf eine gute Idee. Er war damit übrigens nicht der Einzige, ein zweiter Offizier war genauso schlau. Beide haben ihre Frauen in Kühlungsborn, gleich um die Ecke, einquartiert und kamen – es herrschten noch gute Sitten – jeden Tag um fünf Uhr vom Dienst nach Hause … Jedenfalls war das an der Ostsee eigentlich ein ganz gemütlicher Betrieb. Er auf dem Schießplatz zum Unterrichten, wenn man so will, und ich, um mich im Sand zu aalen.«[15]

Diese sommerliche Idylle mitten in einem mörderischen Krieg fand Ende Juli ein jähes Ende: »Eines Morgens wachten wir auf …, und es wurde gar nicht richtig hell. Wir sahen raus – die Sonne ging auf wie ein riesiger roter Ball im Dunst. Ganz seltsam, mitten im Sommer. Es dauerte nicht lange, bis sich die Gerüchte verbreitet hatten: Hamburg ist bombardiert worden.«[16]

Die riesige, über 7000 Meter hohe Rauch- und Staubwolke über der schwer getroffenen Stadt legte sich noch im weit entfernten Kühlungsborn wie ein Filter vor die Sonne. Die britische »Operation Gomorrha« über sich ergehen lassen zu müssen war ihnen erspart geblieben. Aber was war, bei 35 000 Todesopfern, aus den Familien Schmidt und Glaser geworden? Um sich Gewissheit zu verschaffen, machte Helmut Schmidt sich am 31. Juli, die Angriffsserie war noch nicht beendet, auf den mehr als mühsamen Weg in seine Vaterstadt. Loki blieb in Kühlungsborn. Sich allein durchzuschlagen war für ihren Mann schon schwierig genug.

In seinem Taschenkalender notierte er am 31. Juli: »Ich fahre nach Hamburg. Die Katastrophe ist unvorstellbar. Wiedersehen mit meinen Eltern. […] 5 Stunden durch die Trümmerstätten. Die noch angetroffene Bevölkerung zeigt einen guten Geist.« Siebzig Jahre nach dem Ende des Krieges erinnert sich der Altbundeskanzler:

»Meine Eltern lebten in einer Schrebergartenlaube in Sasel. Lokis Eltern habe ich nicht getroffen, die lebten in einer anderen Schrebergartenlaube, die waren auch ausgebombt, genau wie meine Eltern und mein Bruder. Aber an ihre Wohnung hatten sie mit Kreide geschrieben: ›Wir sind in Neugraben‹. Das heißt südlich der Elbe. Da bin ich nicht hingegangen. Aber ich nahm an, dass sie lebten, sonst hätten sie das nicht an die Wand gemalt.«[17]

Auch Lokis Familie hatte also überlebt. Freilich war mit den Wohnungen auch das ganze Hab und Gut der Familien verloren, und ebenso das von Loki und Helmut Schmidt. Für beide war das kein sonderliches Problem: »Das hat man hingenommen. Das war was ganz Normales. Die Hälfte der Hamburger hat damals ihre Behausung verloren. Meistens waren es Mietwohnungen. Nur ganz wenige Vororte sind getroffen worden.«[18]

Den »guten Geist«, den Helmut Schmidt damals den in der Stadt noch angetroffenen Einwohnern attestierte, bestätigen übrigens die Zeitzeugen ziemlich einhellig. Es herrschte große Solidarität und gegenseitige Hilfsbereitschaft.

Im Juli 1943 wurde auch die Dienststelle in der Knesebeckstraße in Berlin durch Bomben zerstört und in eine Kaserne in Bernau nördlich von Berlin ausgelagert. Helmut und Loki Schmidt fanden nach etlichen provisorischen Unterkünften eine bescheidene Wohnung in dem nahe Bernau gelegenen Staatsgut Schmetzdorf. Loki ließ sich vom Hamburger Schuldienst beurlauben und übernahm in der Stadtschule für Mädchen in Bernau die Vertretung einer erkrankten Kollegin. Zum ersten Mal war das junge Ehepaar nun nicht immer wieder getrennt. Über die Zeit im Sommer 1943 hat Helmut Schmidt zu Protokoll gegeben: »Wir waren glücklich, dass wir zusammen waren. Da haben wir uns für das Schicksal des Krieges nicht sonderlich interessiert.«[19]

Für die Befindlichkeit der Deutschen im Jahr 1943 war das symptomatisch. Es blieb ihnen nichts anderes übrig, als von einem Tag zum nächsten zu leben. Loki schied im März 1944 aus dem Lehrerkollegium in Bernau wieder aus – sie erwartete ein Kind, und die Vorfreude erfüllte beide. Am 26. Juni 1944 kam ihr Sohn Helmut Walter zur Welt, »Moritzelchen« genannt. Bald stellte sich heraus: Das Kind war mit einer Fehlbildung geboren worden. Doch machten die Ärzte den Eltern Hoffnung auf eine Operation, die zur völligen Heilung oder zumindest zu einer spürbaren Besserung führen könne.

Einen Monat später löste das Attentat der Verschwörer um Claus Schenk Graf von Stauffenberg »ungewisse Stunden« aus, wie Helmut Schmidt vermerkte. Er hatte durchaus Veranlassung zur Besorgnis. Er kannte die Familie Bontjes van Beek, die das NS-Regime kategorisch ablehnte, und auch deren Tochter Cato, die sich der Widerstands- und Spionageorganisation »Rote Kapelle« um den Luftwaffenoffizier Harro Schulze-Boysen angeschlossen hatte. Sie war am 20. September 1942 von der Gestapo verhaftet, am 19. Januar 1943 wegen Hochverrats zum Tode verurteilt und am 8. August 1943 in Plötzensee ebenso wie zwölf andere Frauen durch die Guillotine hingerichtet worden.

In Hamburg hatte die Gestapo 1943 die studentische Widerstandsgruppe »Weiße Rose« zerschlagen, mit der die frühere Deutschlehrerin an der Lichtwark-Schule, Erna Stahl, in engem Kontakt stand. Am 4. Dezember 1943 war sie verhaftet worden und erwartete nun einen Prozess, dessen wahrscheinlicher Ausgang die Todesstrafe war. In Bernau hatte das Ehepaar Schmidt einen Brief mit einem verzweifelten Hilferuf ihrer Lebensgefährtin Ilse Ahlgrimm erhalten, die Helmut Schmidt bat, sich für die Freilassung Erna Stahls einzusetzen. Helmut und Loki Schmidt beschlossen, den Brief nicht zu beantworten. Sie sagten sich: Entweder handelt es sich um einen Fall von grenzenloser Naivität oder um eine getarnte Provokation der Gestapo.[20]

Nach Stauffenbergs Attentatsversuch am 20. Juli 1944 mussten Offiziere als Zuhörer an den Prozessen gegen die Teilnehmer der Verschwörung vor dem Volksgerichtshof teilnehmen. Helmut Schmidt war überzeugt, dies geschehe zur Einschüchterung. Am 7. September hatte er als jüngster Offizier seiner Dienststelle im Großen Saal des Kammergerichts in Berlin-Schöneberg zu erscheinen. Verhandelt wurde an diesem Tag gegen Carl Goerdeler, Ulrich von Hassell, Wilhelm Leuschner, Joseph Wirmer und Paul Lejeune-Jung. Helmut Schmidt erlebte einen Schauprozess, der jedem rechtsstaatlichen Vorgehen hohnsprach. In einem Brief an Ilse von Hassell, die Witwe Ulrich von Hassells, vom 2. Juni 1946 bekannte er, was er an diesem Tag als Zuhörer erlebte, sei »das Abscheulichste« gewesen, was er jemals im Kriege gesehen und gehört hatte.

Loki Schmidt hat beschrieben, in welcher Verfassung sie ihren Mann an diesem Tag erlebte: »[...] kam er entsetzt und verstört nach Hause. Am nächsten Tag ging er zu seinem Kommandeur Generalleutnant von Rantzau, um ihn zu bitten, an dieser würdelosen, abschreckenden Verhandlung nicht wieder teilnehmen zu müssen.«[21] Spätestens nach diesem Tag war Helmut Schmidt sich über den verbrecherischen Charakter des NS-Regimes im Klaren.

Anfang Januar 1945 fuhr Helmut Schmidt an die Westfront, um in der Eifel die 1. Batterie der leichten Flakabteilung 78 zu übernehmen. Mit der Ardennenoffensive hatte Hitler seit dem 15. Dezember 1944 versucht, das Vorrücken der Alliierten aufzuhalten und nach Antwerpen vorzustoßen. Doch der deutsche Vormarsch war zum Stillstand gebracht worden.

Helmut Schmidt war in großer Sorge um seine Frau und seinen kleinen Sohn. Er hatte mit Loki vereinbart, dass sie ihre Briefe nummerieren wollten. Post erreichte ihn mehrere Wochen hindurch überhaupt nicht. So erfuhr er zunächst auch nicht, was sich in Schmetzdorf abspielte. Anfang des Jahres hatte Dr. Arnold noch festgestellt, der kleine Helmut Walter gedeihe sehr erfreulich.

Doch Mitte Januar bekam das Kind plötzlich hohes Fieber. Loki Schmidt:

> »Der Arzt meinte, es sei wahrscheinlich Meningitis. Antibiotika gab es nicht, nur Sulfonamide. [...] Drei Tage lang habe ich neben meinem Kind gesessen, das sehr schnell in Krämpfe verfiel und nicht mehr bei Bewusstsein war [...] Ich konnte nur daneben sitzen, ich konnte nichts machen – außer mal seine Stirn abwischen. Vor mir lag ein von Krämpfen geschüttelter kleiner Körper. Nach drei Tagen ist Moritzelchen gestorben.«[22]

Es war der 19. Januar 1945, vier Uhr morgens. Dr. Arnold, der den Tod feststellte, wollte Loki Schmidt helfen und nahm sie mit nach Hause. »Dort habe ich erst einmal etwas gegessen. Ich hatte drei Tage lang nichts zu mir genommen. [...] Die Arztfamilie hat sich rührend um mich gekümmert.« Siebzehn Jahre später wird es umgekehrt sein – das Ehepaar Schmidt wird sich um die Familie Arnold kümmern.

Am nächsten Tag fand sich ein Tischler, der einen weißen Sarg zimmerte, und am 22. Januar wurde der kleine Helmut Walter Schmidt auf dem Friedhof der Nachbargemeinde Schönow nach einer kurzen Aussegnung durch den Pastor zu Grabe getragen. Einige Offiziersfrauen gaben Loki Schmidt an diesem Tag etwas Trost. Sie schrieb ihrem Mann, dass »Moritzelchen« gestorben war, und dann überlegte sie, was nun zu tun war: »Die Russen kamen immer näher. Und da habe ich mir eines Tages gesagt: Was soll ich hier?«[23]

Die Familie Arnold bestärkte sie darin. Sie nähte sich einen behelfsmäßigen Rucksack, verstaute ein paar Habseligkeiten und trat eine zweitägige Bahnfahrt nach Hamburg an. Nach vielen Unterbrechungen kam sie dort frühmorgens gegen vier Uhr an und fuhr mit einem kleinen Dampfzug nach Neugraben.

> Dann »bin ich […] durch die dunkle Heide gegangen. Als ich zu dem kleinen Sommerhaus meiner Eltern kam – sie hatten es inzwischen winterfest gemacht –, war da Licht. Ich öffnete die Tür, und meine Mutter sagte: ›Ach, da bist du ja.‹ Es ist etwas sehr Seltsames passiert. Meine Mutter war immer eine sehr nüchterne Frau. An diesem Morgen jedoch ist sie aufgestanden und hat Feuer gemacht. Davon ist mein Vater aufgewacht, es war noch sehr früh, und hat gefragt: ›Was machst du denn da?‹ Halb im Tran hat sie ihm geantwortet: ›Loki kommt doch.‹ Mein Vater sagte: ›Nun ist das Feuer so schön an, da wollen wir gar nicht erst wieder schlafen gehen.‹«

Und Loki kam tatsächlich – erschöpft, aber glücklich, wieder bei ihren Eltern zu sein.

> »Mein Vater hat mich dann in den Arm genommen, und ich bin eingeschlafen. […] Helmut wusste noch nicht einmal, dass unser Kind gestorben war. Er wusste überhaupt nichts darüber, wie es mir ging und wo ich mich aufhielt. Aus irgendeinem Instinkt heraus habe ich ihm von Neugraben aus den Brief Nr. 13 geschrieben – wir erinnern uns beide noch an die Zahl, mit der ich diesen Brief, wie viele andere das im Krieg auch taten, nummeriert habe: ›Vielleicht weißt Du gar nicht, dass ich in Hamburg bin und dass Moritzelchen nicht mehr lebt.‹«[24]

In der Nacht zum 20. Februar erhielt Helmut Schmidt an der Front diesen und einen weiteren Brief seiner Frau. So erfuhr er vom Tod seines kleinen Sohnes. Sein verständnisvoller Kommandeur stellte ihm einen Urlaubsschein für zwei Wochen aus, nahm ihm aber das Versprechen ab, umgehend wieder zurückzukommen. Nun trat Helmut Schmidt eine zweieinhalb Tage dauernde Bahnreise nach Hamburg an, die genauso mühselig war wie die Rückkehr seiner

Frau nach Hamburg. Beide beschlossen sogleich, noch einmal nach Schmetzdorf zu fahren und in Schönow das Grab ihres Sohnes zu besuchen.

Helmut Schmidts oberster Vorgesetzter in Bernau, Generalleutnant Heino von Rantzau, war inzwischen zum Kommandierenden General im Luftgau XI mit Dienstsitz in Blankenese ernannt worden, und ihn bat das Ehepaar Schmidt um Hilfe. Helmut Schmidt siebzig Jahre danach: »Loki und ich haben von Rantzau aufgesucht mit dem Petitum: ›Können Sie uns nicht einen Marschbefehl nach Bernau geben?‹ Ich wollte unbedingt an das Grab unseres Jungen. Er hat seinen Adjutanten gefragt: Was kostet das, wenn das rauskommt? Das kostet Sie den Kopf, Herr General, hat der Adjutant geantwortet. Darauf von Rantzau: Dann machen wir das so!«[25] Aus Loki Schmidt hatte der Generalleutnant kurzerhand eine Flakhelferin gemacht.

Im Frühjahr 1945 war jede Reise ein Abenteuer mit ungewissem Ausgang. Sie schafften es tatsächlich, nach Bernau zu kommen, das nun schon im Nahbereich der Front lag. Hand in Hand standen sie an dem kleinen Grab in Schönow, holten noch ein paar Sachen aus ihrer Wohnung und trafen auch die Familie Arnold. Am übernächsten Tag waren sie wieder in Hamburg. Oberleutnant Helmut Schmidt dachte an die Zusage, die er seinem Kommandeur gegeben hatte, und strebte zurück. Wieder ein Abschied von Loki, den die bange Frage überschattete: Werden wir uns wiedersehen?

In der zweiten Märzwoche war Helmut Schmidt nach einer mehrtägigen Fahrt, immer wieder durch Bombenangriffe aufgehalten, zu seiner Einheit zurückgekehrt, die inzwischen in Bullay an der Mosel Stellung bezogen hatte. Doch nur für wenige Tage: Am Abend des 19. März wurde seine Batterie, wie Helmut Schmidt in seinem Taschenkalender notierte, »völlig zersprengt und zerschlagen« und von den auf breiter Front vordringenden US-Truppen überrollt. Der Oberleutnant Helmut Schmidt tat, was die Vernunft gebot: Er löste die Batterie auf und stellte seinen Männern anheim, entweder in Gefangenschaft zu gehen, sich auf eigene Faust durchzuschlagen oder weiterzukämpfen.

Er selbst schaffte noch den Anschluss an eine Heereseinheit, die jedoch in einen Kessel der Amerikaner geraten war, aus dem es nur in ganz kleinen Gruppen zu Fuß die Chance auf ein Entkommen gab. Dieser Fußmarsch begann für Helmut Schmidt am 28. März. Die Truppe löste sich einfach auf, »jeder versuchte, nach Hause zu marschieren. Und wenn jemand aus Oberbayern war, dann ist er nach Süden gelaufen, und wenn jemand aus Hamburg war oder aus Bremen, dann ist er nach Norden gelaufen. Zum Schluss waren wir noch drei Leute. Und in Neustadt am Rübenberge haben wir uns voneinander verabschiedet; der eine wollte nach Hannover, der andere wollte nach Bremen, und der Schmidt wollte nach Hamburg.«[26]

Immer nur nachts wandernd, gelangte Helmut Schmidt in die Nähe von Soltau, das am 17. April von britischen Truppen besetzt worden war. In einem Waldgebiet etwa acht Kilometer nördlich von Soltau legte er sich am Morgen des 24. April erschöpft unter einen Baum und schlief ein. Aus diesem Schlummer weckten ihn gegen Mittag zwei britische Soldaten, die Maschinenpistolen im Anschlag. Eine Bäuerin, so vermutete er jedenfalls, hatte ihn verraten.

Helmut Schmidt wurde als Kriegsgefangener der Wehrmacht behandelt und zunächst nach Soltau und von dort auf Lastwagen und dann in Viehwaggons in das britische Offizierslager 2226 in Jabbeke bei Brügge transportiert. Die Behandlung dort, so erinnert er sich, war »anständig. Aber die hatten nichts zu essen für uns.«

Er kam endlich zum Nachdenken – über sein eigenes Schicksal, über deutsche Schuld und deutsche Verantwortung für diese beispiellose Katastrophe, er beschäftigte sich mit autobiografischen Notizen, in denen er sich über sein Verhältnis zum Nationalsozialismus klar zu werden suchte.

In Jabbeke lernte Helmut Schmidt einen Mann kennen, der für ihn damals zu einem Mentor wurde, zu einem intellektuellen Leuchtturm im wörtlichen Sinn: Professor Hans Bohnenkamp[27], Oberstleutnant, Träger des Ritterkreuzes mit Eichenlaub. Ein religiöser Sozialist und Hochschullehrer für Pädagogik, der aus der Jugendbewegung kam, zunächst auch an nationalsozialistische Ideale geglaubt hatte und nun seinen Kameraden im Lager Jabbeke eine »groß angelegte moralische und politische Generalbewertung des Dritten Reiches« bot.

Helmut Schmidt war tief beeindruckt. Bohnenkamps Vortrag und die Diskussionen, die folgten, waren für ihn fast eine Art Erweckungserlebnis: »Als ich Ende April 1945 im Kriegsgefangenenlager eingetroffen war, hatte ich noch immer keine Vorstellung davon, was Demokratie sein kann und sein soll. Den grundlegenden Anfang meiner Erziehung zur Demokratie hat Hans Bohnenkamp gemacht. Er gab mir die ersten positiven Grundvorstellungen von Demokratie, vom Rechtsstaat und vom Sozialismus. Danach wurde es für mich fast zwangsläufig, Sozialdemokrat zu werden [...].«[28] Hans Bohnenkamp wurde mit anderen Kriegsgefangenen am 13. August 1945 entlassen, Helmut Schmidt zehn Tage später.

Loki Schmidt wusste zwar nicht, was aus ihrem Mann geworden war, aber sie durfte hoffen, dass er mit dem Leben davongekommen war und zurückkehren würde. Denn »noch vor Kriegsende kam ein Soldat bei uns vorbei. Er war kurz zuvor aus der Gefangenschaft entlassen worden und sollte mir einen Brief geben. Das war ein kleines, zusammengefaltetes Papier. Es sei von einem Gefangenen-Laster runtergeworfen worden, sagte der Soldat. Loki Schmidt, Neugraben, stand als Adresse auf dem Papier.«[29]

Postzustellung anno 1945. Helmut Schmidt hatte diesen Zettel vor dem 8. Mai geschrieben. Irgendwann, darauf konnte Loki hoffen, würde ihr Mann in Neugraben vor der Tür stehen. Am 24. August kam er. Loki Schmidt: »Ich hörte unseren Familienpfiff, ließ alles stehen und liegen, ich wohnte bei meinen Eltern in Neugraben [...], sauste raus, und da kam Helmut, sehr abgemagert und in einer selbst genähten Hose.«[30] Aus Tarnstoff. So endete für Helmut Schmidt, Oberleutnant der Reserve, der Zweite Weltkrieg.

Anmerkungen

1 Der Reichsarbeitsdienst war Teil des nationalsozialistischen Erziehungssystems. Die Ableistung der Arbeitsdienstpflicht war Voraussetzung für die Zulassung zum Hochschulstudium.

2 Helmut Schmidt et al.: Kindheit und Jugend unter Hitler, Berlin 1992, S. 211.

3 Ebd..

4 Soell, S. 88.

5 Ebd., S. 91.

6 Schmidt, S. 214.

7 Soell, S. 96.

8 Schmidt, Kindheit, S. 219.

9 Ebd., S. 99 ff.

10 Ebd, S. 220 ff.

11 Loki, S. 68 ff.

12 Soell, S. 105.

13 Schmidt, Kindheit, S. 221.

14 Soell, S. 137.

15 Loki, S. 71 ff.

16 Ebd.

17 »Wir nehmen die Narben mit ins Grab«. Interview mit Helmut Schmidt, Hamburg-Teil »Die Zeit«, 29. April 2015. Im Folgenden zitiert als: Schmidt, »Zeit«-Interview.

18 Ebd.

19 Ebd.

20 Erst nach dem Krieg erfuhren Helmut und Loki Schmidt, dass der Brief authentisch war. Erna Stahl überlebte das Kriegsende, weil das Gefängnis, in dem sie inhaftiert worden war, rechtzeitig von amerikanischen Truppen befreit wurde.

21 Loki, S. 76 ff.

22 Ebd., S. 78.

23 Ebd., S. 79.

24 Ebd., S. 81.

25 Schmidt, »Zeit«-Interview.

26 Ebd.

27 Hans Heinrich Wilhelm Bohnenkamp (1893 – 1977) war ein deutscher Pädagoge und Hochschullehrer. Teilnahme am Ersten Weltkrieg. 1937 wurde er Mitglied der NSDAP. Bohnenkamp nahm von 1939 bis 1945 am Zweiten Weltkrieg teil, war ab 1942 im Range eines Majors Bataillonsführer, dann Oberstleutnant und Chef eines Artillerieregiments vor Stalingrad. Bohnenkamp wurde 1946 erster Direktor der neu gegründeten Pädagogischen Hochschule in Celle und Professor für Pädagogik und Philosophie. Seit 1946 SPD-Mitglied, 1958 erhielt er das Große Bundesverdienstkreuz.

28 Schmidt, Kindheit, S. 234.

29 Loki, S. 86ff.

30 Ebd., S. 90ff.

Dinge auf den Punkt bringen

Erste politische Gehversuche

Durch heulende Luftschutzsirenen aufgeschreckt zu werden, um in einen Keller oder Bunker zu hasten, an der Front sterben zu müssen oder in der Heimat im Bombenhagel – schon im August 1945 verblasste die Erinnerung an solche Ängste bei den Überlebenden dieser beispiellosen Katastrophe. Nun ging es darum, die tägliche Existenz unter den Bedingungen zu sichern, die von der Besatzungsmacht diktiert wurden.

Als Helmut Schmidt nach viertägigem Rücktransport aus dem belgischen Lager Jabbeke am 29. August 1945, mit dem Entlassungsschein »Certificate of Discharge« in der Tasche, in Hamburg-Neugraben seine Ehefrau Loki umarmte, war seine körperliche Verfassung miserabel: »Zunächst fiel ich morgens immer wieder um, weil ich vollkommen unterernährt war.«[1] Schrittweise stabilisierte sich sein körperlicher Zustand. Seelisch hatte er sich überraschend schnell auf die neuen Gegebenheiten eingestellt. In seinem Taschenkalender notierte er Mitte September: »Man gewöhnt sich doch recht schnell an den Alltag – an die kleinen Sorgen und das große Glück.«

Nun mussten die Menschen sich auf den nahenden Winter vorbereiten. Der britische Feldmarschall Bernard Montgomery hatte schon am 6. August 1945 in einer Botschaft an die deutsche Bevölkerung seiner Besatzungszone gewarnt: »Der kommende Winter wird schwierig werden [...] Wir müssen mit der Wahrscheinlichkeit rechnen, dass Mangel an Lebensmitteln, an Kohle, an ausreichender Unterkunft, an Transportmitteln und Verteilungsmöglichkeiten herrschen wird. Es ist notwendig, dass Sie sich das jetzt schon klarmachen.« Und Hamburgs neuer, von der Militärregierung eingesetzter Bürgermeister Rudolf Petersen hatte am 12. Oktober 1945 in einem Zeitungsartikel erklärt, für die privaten Haushalte stünden keine Kohlen im kommenden Winter zur Verfügung.[2]

Also »haben wir versucht, im Wald Holz zu klauen, haben versucht, frisch gelegte Saatkartoffeln wieder auszubuddeln, damit wir etwas zu essen hatten.«[3] Die Schmidts taten, was damals jeder machte, um nicht zu verhungern: Sie liefen über die abgeernteten Felder und sammelten liegen gebliebene Kartoffeln ein, sie fuhren zum »Hamstern« auf das flache Land, und obwohl sie schon damals Raucher waren, verscherbelten sie ihre Raucherkarten, um auf dem Schwarzmarkt an Lebensmittel zu kommen.

Das Ehepaar lebte in Neugraben in einem Wohnblock, in dem es ein ärmliches Zimmer gemietet hatte. Die Verwandtschaft half mit dem nötigsten Mobiliar aus. Zum Glück gab es einen Ofen, und Heizungsmaterial besorgten sie sich aus den Wäldern. Im Übrigen bestritt Loki mit ihrem schmalen Gehalt als Lehrerin den Lebensunterhalt, und Helmut Schmidt verdiente ein Zubrot, indem er zum Beispiel für Einzelhändler und Tankstellenpächter die Steuererklärungen anfertigte. »Das Geld habe ich dann in Lebensmittel vom Schwarzmarkt umgesetzt.«[4]

Am 6. August 1945 begann in den meisten Hamburger Schulen wieder der Unterricht. Deutlich härter wurde der Überlebenskampf für das Ehepaar, als Loki Schmidt am 27. September 1945 ein Schreiben der Schulverwaltung erhielt, mit dem sie ab sofort ohne Bezüge vom Schuldienst suspendiert wurde. Eine »Wiederverwendung« sei von einer »erneuten Überprüfung Ihrer Eignung nach Absolvierung eines 6-monatigen Sonderkurses […] abhängig.«

Es kam noch schlimmer: Mitte November 1945 wurde aus der Suspendierung die sofortige Entlassung. Ende Juni 1945 hatte Loki wie alle Staatsbediensteten einen umfangreichen, vier Seiten füllenden »Entnazifizierungsfragebogen« der Militärregierung ausfüllen müssen, die den öffentlichen Dienst von Nationalsozialisten säubern wollte. Loki hatte darin wahrheitsgetreu angegeben, dass sie im »Bund Deutscher Mädel«, der weiblichen Hitlerjugend, Scharführerin gewesen war, dass sie das vorgeschriebene halbe Jahr im Reichsarbeitsdienst abgeleistet hatte und »Anwärterin« der NSDAP gewesen war. Das hatte genügt, um sie aus dem Schuldienst zu entfernen.[5] An dem Sonderlehrgang musste sie dennoch teilnehmen.

Aber Loki Schmidt entschloss sich, für ihre »Wiederverwendung« zu kämpfen, und ihr Mann unterstützte sie dabei. Sie benannte Zeugen, die ihr glaubhaft die Zwangssituationen bestätigten, in denen sie sich damals befand, und sie konnte nachweisen, dass sie keinesfalls eine Anhängerin des NS-Systems gewesen war. Helmut und Loki Schmidt lernten das Räderwerk der Entnazifizierungsbürokratie kennen, doch am Ende hatten sie Erfolg: Kurz vor Weihnachten 1946 nahm die Schulverwaltung die Entlassung zurück, Loki konnte wieder unterrichten, nun in der Schule Fischbek. Damit ging eine schwere Zeit zu Ende, in der sie sich und ihren Mann als Putzfrau, mit dem Schneidern von Kinderkleidung und dem Stricken von Pullovern über Wasser gehalten hatte. Eine Fehlgeburt war der gesundheitliche Preis.

Anfang November 1945 nahm die Universität Hamburg den Vorlesungsbetrieb wieder auf, und Helmut Schmidt hatte das Glück, sich gleich für dieses Wintersemester 1945/46 immatrikulieren zu können. Von seinem Jugendtraum, Architekt und Stadtplaner zu werden, musste er sich verabschieden. Zwar war das ein Studium, dessen Absolventen im zertrümmerten Deutschland dringend gebraucht wurden: »Jetzt aber, nach der Rückkehr aus der Kriegsgefangenschaft, war ich inzwischen fast 27 Jahre alt, verheiratet, aber ohne die geringste Berufsausbildung. Also kam nur noch ein möglichst schnell zu absolvierendes Brotstudium in Frage. Deshalb studierte ich Volkswirtschaft [...].«[6] Er ging davon aus, das Fach Architektur an einer Technischen Hochschule studieren und gleichzeitig eine Kunstakademie besuchen zu müssen. Dafür wären aber nur München oder Wien in Frage gekommen, und beide Städte waren für ihn »unerreichbar weit weg und außerdem zu teuer.«[7]

In den ersten Semestern war der Student Schmidt keinesfalls regelmäßig in der Universität anzutreffen. Das hatte mehrere Gründe. Mit der Fachliteratur konnte er sich zu Hause besser auseinandersetzen. Zudem musste er seine berufstätige Ehefrau bei den damaligen »Laufereien« für die Beschaffung dessen unterstützen, was man zum Leben unbedingt brauchte, und das war schwierig genug. Schlange stehen, vor den Geschäften in einer langen Reihe warten, musste damals jeder.

Hinzu kam, dass ihm wie vielen seiner Kommilitonen, die als junge Offiziere den Krieg überlebt und an der Front immer wieder dem Tod ins Auge gesehen hatten, die gespreizte und herablassende Würde mancher Professoren lächerlich und wichtigtuerisch vorkam oder ihm schlicht auf die Nerven ging. Helmut Schmidt hat daher auch nur wenige seiner Hochschullehrer in guter Erinnerung:

> »In meinem eigenen Studienfach verdanke ich Eduard Heimann die Erkenntnis der Notwendigkeit von Moral in der Wirtschaft, Bernhard Pfister, der einen Lehrstuhl für Volkswirtschaft und Sozialpolitik (heute Volkswirtschaftslehre) hatte, verdanke ich eine solide finanz- und währungspolitische Grundlage und Karl Schiller (im Fach der ansonsten allzu abstrakt gelehrten volkswirtschaftlichen Theorie, wo mir zum Beispiel die ökonomischen Theoreme des Marxismus reichlich lebensfremd und deshalb langweilig vorkamen) die Berührung mit Keynes und mit anderen ausländischen Ökonomen der Moderne.«[8]

Helmut Schmidt war, nach seinen eigenen Worten, ein »fertig gebackener Sozi«, als er aus dem Kriegsgefangenenlager nach Hause kam. Er meinte damit den Einfluss seines Zeltnachbarn und Mentors Hans Bohnenkamp. Nun wollte er diese Partei SPD näher kennenlernen, und so erschien er im Herbst 1945 im SPD-Ortsverein Hausbruch, Neugraben und Fischbek, zunächst einmal ohne Parteibuch.

Die meisten Mitglieder waren schon vor 1933 aktive Sozialdemokraten gewesen, und auf diesen jungen Mann, der im Krieg Oberleutnant gewesen war, reagierten sie anfangs überaus skeptisch und distanziert – sie hielten einfach alle Offiziere für NS-Anhänger. Doch allmählich akzeptierten sie den neuen Genossen, auch weil er sich bei ganz handfesten Dingen wie der Herstellung von Plakaten engagierte, auf den Knien liegend – übrigens gemeinsam mit Loki. »Zu vorlaut« war er nach seiner eigenen Erinnerung zuweilen auch hier, an der SPD-Basis, was dazu führte, dass eine Genossin aus Harburg, Liesbeth Ostermeyer, ihm »bisweilen den Kopf zurechtgesetzt« hat.[9]

Um den Nationalsozialismus und die Gründe für den Aufstieg Hitlers ging es damals in den Diskussionen dieses Ortsvereins nur am Rande. Wichtiger waren die Probleme des Tages – die Versorgung mit Lebensmitteln, mit Brennmaterial, mit Wohnraum vor allem.

Für Helmut Schmidt waren diese Erfahrungen wichtig. Intellektuell genügten sie ihm jedoch nicht. An der Universität traf er »im Sozialistischen Deutschen Studentenbund auf junge Leute von gleicher Gesinnung, aber zumeist noch jünger als ich und politisch genauso unerfahren. In dem zu jener Zeit ziemlich parteifrommen und jedenfalls gesetzestreuen SDS habe ich gelernt zu debattieren, und vor allem gewann ich dort Freunde, einige von ihnen sind gleich mir später Politiker geworden.«[10]

Der SDS war für Helmut Schmidt nicht nur wichtig, weil er dort lernte zu diskutieren. Er erwarb in dieser Organisation auch Gremienerfahrung – für eine erfolgreiche politische Laufbahn eine unerlässliche Voraussetzung. Für die Studenten, die wie Helmut Schmidt den Krieg überlebt hatten, war der SDS in erster Linie »Bildungserlebnis und Heimat«: »Das gesellige und allgemeinbildende Element des Gruppenlebens – gemeinsame Theaterbesuche, Diskussionen über ›angesagte‹ Schriftsteller und vor allem die häufigen

Wochenend- und Ferienausflüge – waren für die meisten Beteiligten offenbar mindestens ebenso wichtig, wenn nicht sogar wichtiger, als politische Aktionen oder gar abgehobene Theoriedebatten.«[11]

Diese Aktivitäten im SDS fand auch Loki Schmidt attraktiv, und wenn es ihre Zeit erlaubte, nahm sie gern daran teil.

Damals entstanden Freundschaften, von denen einige das ganze Leben hindurch Bestand hatten, zum Beispiel mit Peter Schulz, dem späteren Hamburger Bürgermeister und Bürgerschaftspräsidenten, und seiner Ehefrau Sonja, oder mit Karl-Wilhelm Berkhan, dem langjährigen SPD-Bundestagsabgeordneten und späteren parlamentarischen Staatssekretär im Bundesverteidigungsministerium, und seiner Frau Friedel.

Für alle gesellschaftlichen und politischen Organisationen war der Start nach 1945 schwierig. Wie sollte das künftige Deutschland aussehen? Diese Frage konnte nicht nur durch einen Rückgriff auf den programmatischen »Traditionsbestand« der Jahre vor 1933 beantwortet werden, denn so beispiellos wie der Zusammenbruch 1945 waren eben auch die Fragen, die er aufwarf. Der SDS dieser ersten Nachkriegsjahre, der in keiner Weise mit der radikalen Protestorganisation der Studenten in den Jahren nach 1968 verglichen werden kann, befasste sich vor allem mit der Hochschulreform, dem Hochschulzugang, mit der sozialen Lage der Studierenden; zudem ging es um Kontakte zu ausländischen Studentenorganisationen. Brisante Punkte waren überdies die Zwangsvereinigung von SPD und KPD in der sowjetischen Besatzungszone zur SED im April 1946 und der Streit um den Ausschluss kommunistischer Studenten. Das waren Themen, die zugleich das Verhältnis des SDS zur SPD betrafen.

Helmut Schmidt war nie im Zweifel darüber, dass sich die der SPD nahestehenden Studenten zwar unabhängig von der SPD organisieren mussten, doch durften deren Aktivitäten nicht in einen grundsätzlichen Konflikt mit dem Programm und dem politischen Kurs der SPD geraten. Das schloss durchaus Positionen ein, die über das hinausgingen, was in der Partei mehrheitsfähig war. Dabei muss man sich vor Augen halten, dass in der ersten Zeit nach dem Krieg angesichts der allgemeinen Notlage »Sozialismus« eine breite politische Strömung war, die sich keinesfalls nur auf die SPD beschränkte. Das »Ahlener Programm« der CDU aus dem Jahr 1947 sah zum Beispiel die Sozialisierung der Schwerindustrie und des Bergbaus vor, und von Franz Josef Strauß stammt die Feststellung, damals sei der Unterschied zwischen christlicher und sozialistischer Politik so groß gewesen »wie der zwischen drei Mark und drei Mark fünfzig«.[12]

Es ging eben darum, die existenziellen Probleme in den Griff zu bekommen, die jeder Tag von Neuem aufwarf. War der religiöse Sozialist Hans Bohnenkamp im Sommer 1945 im Kriegsgefangenenlager derjenige, der den Oberleutnant Schmidt in einen »fertig gebackenen Sozi« verwandelt hatte, so gab er Mitte April 1946 den Anstoß, daraus auch praktische Konsequenzen zu ziehen: Helmut Schmidt besuchte ihn in Celle, und im Mai 1946 wurde er Mitglied der Hamburger SPD.

Nun spielte sich sein Leben in mehreren Bereichen ab: Er studierte, er engagierte sich im SDS, und er unternahm seine ersten politischen Gehversuche in der Hamburger SPD. Möglich war das alles nur, weil Ehefrau Loki, die ab Mitte Januar 1947 wieder unterrichten durfte, mit ihrem Gehalt als Lehrerin für beide den Lebensunterhalt bestritt und mit eiserner Sparsamkeit das Geld zusammenhielt.

Schon in diesem Anfangsstadium seiner politischen Karriere zeigen die Eigenschaften, die ihm seine damaligen Weggefährten im Rückblick zuschrieben, die Begabung dieses Mannes: »Er beeindruckte seine Zuhörer von Anfang an durch seine ›Übersicht‹ und seinen ›enormen analytischen Verstand‹, mit dem er ›die Dinge auf den Punkt brachte‹ und selbst komplizierte Zusammenhänge in kurze, prägnante Sätze zu fassen vermochte.«[13]

Aber auch andere Wesenszüge des Politikers Helmut Schmidt zeigten sich bereits: »[…] konnte Schmidt zuweilen auch schroff und arrogant wirken; vor allem zeigte er […] wenig Neigung zu ausufernden Theoriedebatten. Wenn aus seiner Sicht zu ›viel gesabbelt‹ wurde, ohne dass etwas Greifbares dabei herauskam, wurde er schnell ungeduldig und konnte andere ›ganz schön fertig machen‹.«[14]

Was trieb Helmut Schmidt in diesen Jahren an?

> »Ehrgeiz ist ein Begriff, den ich auf mich nicht anwenden würde; natürlich lag mir an öffentlicher Anerkennung, aber die Antriebskraft lag woanders. Die Antriebskraft war typisch für die Generation, der ich angehört habe: Wir kamen aus dem Kriege, wir haben viel Elend und Scheiße erlebt im Kriege, und wir waren alle entschlossen, einen Beitrag dazu zu leisten, dass all diese grauenhaften Dinge sich niemals wiederholen sollten in Deutschland. Das war die eigentliche Antriebskraft.«[15]

Im August 1947 war Helmut Schmidt auf einer SDS-Delegiertenkonferenz als Bundesvorsitzender für die britische Besatzungszone gewählt worden. In dieser Funktion organisierte er vom 8. bis zum 16. April 1948 in Hamburg, im Jugendhof Barsbüttel, ein internationales Studententreffen. Es wurde zum größten Erfolg seiner einjährigen Amtszeit.

Das Vorbereitungskomitee hatte er selbst geleitet. Erwartet hatte man aufgrund der Einladungen rund dreißig Teilnehmer aus den europäischen Studentenverbänden der Linken – es kamen über fünfzig, allein eine achtköpfige Delegation aus Großbritannien, Studenten aus Finnland, aus Schweden und Norwegen, aus Dänemark, Holland und Belgien, aber auch Abgesandte aus den USA und aus Kanada, aus Indien, aus Ceylon sogar.

Nur die Franzosen waren nicht erschienen. Helmut Schmidt zeigte in seiner Begrüßungsrede Verständnis dafür: »Wir wissen, dass es in euren Ländern viele Menschen gibt, die schwer unter den Verbrechen und all dem Elend gelitten haben und heute noch leiden, die Hitlers

Kriege über die ganze Welt gebracht haben.« Er argumentierte mit Fingerspitzengefühl, vor allem aber mit großer Aufrichtigkeit, die ihm auch abgenommen wurde. Er verwies auf das Tagungsmotto: »Wir jungen deutschen Sozialisten fragen unsere Genossen im Ausland und hören ihre Meinung.«

Die Diskussionen in Barsbüttel, oft bis tief in die Nacht gehend, kreisten nicht um die Vergangenheit, sondern um die Zukunft, vor allem um die Kernfrage: In welchem Europa wollen wir leben? Nicht der US-Kapitalismus und schon gar nicht der Sowjetkommunismus sollte dieses künftige Europa prägen und beherrschen. Eher eine Rolle als »Dritte Kraft«, wie sie der Politologe Richard Löwenthal 1947 in dem Buch »Jenseits des Kapitalismus« skizziert hatte.

Den Ertrag des Treffens in Barsbüttel bewertete Helmut Schmidt sehr positiv. Die Deutschen waren nun in den Kreis der studentischen Linken in Europa zurückgekehrt. In dieser Woche wurden viele Freundschaften geschlossen, die häufig die Jahrzehnte überdauerten.

Für Helmut Schmidt war das Thema SDS im August 1948 faktisch beendet. Er stand vor dem Diplomexamen, und er war inzwischen Vater einer Tochter geworden. Loki Schmidt hatte kein Problem damit, dass sie noch immer die Familie ernährte, denn »das muss man immer wieder ganz deutlich machen, dass in jener Zeit sehr viele Frauen ihre Familien ernährt haben. Entweder waren die Männer noch gar nicht wieder aus dem Krieg zurück, oder sie waren körperlich und seelisch so angeschlagen, dass sie sich erst einmal berappeln mussten. Das war nichts Ungewöhnliches.«[16]

Im Juni 1949 beendete Helmut Schmidt sein Studium mit einer Diplomarbeit über »Die Währungsreformen in Japan und Deutschland im Vergleich«. Promovieren wollte er nicht: »Als mich Heinz-Dietrich Ortlieb, einer meiner Professoren, nach meinem Diplomexamen aufforderte, einige Semester dranzuhängen, um einen Doktorgrad zu erwerben, habe ich ihm geantwortet, jetzt müsse ich endlich Geld verdienen, wegen des Doktors könne ich warten, bis er mir ehrenhalber verliehen würde. Man sieht, ich hatte schon damals ein loses Mundwerk.«[17]

Allerdings konnte er nicht wissen, wie recht er behalten sollte: 24 Universitäten in aller Welt haben Helmut Schmidt inzwischen die Ehrendoktorwürde verliehen.

Anmerkungen

1 Schmidt, »Zeit«-Interview.

2 Uwe Bahnsen, Kerstin von Stürmer: Die Stadt, die leben wollte, Hamburg 2004, S. 153.

3 Schmidt, »Zeit«-Interview.

4 Ebd.

5 Vgl. Reiner Lehberger: Loki Schmidt – Die Biographie, Hamburg 2014, S. 101 ff.

6 Schmidt, Weggefährten, S. 89.

7 Schmidt, »Zeit«-Interview.

8 Schmidt, Weggefährten, S. 402.

9 Ebd., S. 401.

10 Ebd., S. 402.

11 Uwe Rohwedder: Helmut Schmidt und der SDS, Bremen 2007, S. 13.

12 Jürgen Leinemann: Höhenrausch. Die wirklichkeitsleere Welt der Politiker, München 2004, S. 138; zitiert nach Rohwedder, S. 27.

13 Rohwedder, S. 33.

14 Ebd.

15 »Unsere Soldaten hatten keine kollektive Ehre«. In: »Die Welt«, 20. Dezember 2008, Gespräch mit Ulrich Wickert.

16 Loki, S. 96.

17 Schmidt, Weggefährten, S. 402.

Hamburg als Wirkungsfeld, die Partei als Rahmen

Start in die Berufspolitik

Im Sommer 1949, ein Jahr nach der Währungsreform, war es für Hochschulabsolventen alles andere als einfach, eine erste Stelle für einen guten Start ins Berufsleben zu finden. Von einem wirtschaftlichen Aufschwung konnte noch keine Rede sein. Die steigende Arbeitslosigkeit, die 1950 die Zwei-Millionen-Marke überschritt, war eines der drängenden politischen Probleme. Helmut Schmidt hatte das Glück des Tüchtigen: Am 1. Juli 1949 trat er als persönlicher Referent des sozialdemokratischen Wirtschaftssenators Professor Karl Schiller in die Behörde für Wirtschaft und Verkehr ein.

Ein solcher Posten war schon immer der typische Einstieg für begabte Leute. In der Partei war man auf diesen eloquenten jungen Mann aufmerksam geworden: Er hatte sich im Bürgerschaftswahlkampf 1946 engagiert, er war auf dem Landesparteitag als Kritiker des (von ihm verehrten) Bürgermeisters Max Brauer aufgefallen, weil er dessen Anweisung an die Polizei, Kohlendiebstähle aus Eisenbahngüterwagen notfalls auch mit der Schusswaffe zu verhindern, unmenschlich fand, und auch als SDS-Vorsitzender hatte er sich einen Namen gemacht. Nun gehörte er als persönlicher Referent des Senators zur Führungsebene einer der wichtigsten Fachbehörden.

Gewiss, das Anfangsgehalt, 300 Mark, war alles andere als attraktiv, doch die berufliche Perspektive war es schon. Und natürlich war es für das Ehepaar Schmidt eine enorme finanzielle Entlastung, dass es nun neben Lokis Gehalt als Lehrerin ein zweites, regelmäßiges Einkommen gab: »Ich konnte mir eine junge Frau erlauben – die ich allerdings mit verpflegen musste –, die auf Susanne aufpasste, wenn ich nicht im Hause war, und die sauber machte. Das war natürlich eine riesige Erleichterung.«[1]

Helmut Schmidt stellte sich der beruflichen Herausforderung mit seiner ganzen Tatkraft: »Ich brachte außer meiner Arbeitskraft nur meine im Kriege in einem höheren Luftwaffenstab in Berlin erworbene Fähigkeit zum präzisen, schnellen Umgang mit Vorgängen und Akten ein und habe meinem Chef viel Kleinkram vom Halse gehalten. Karl Schiller war ein interessanter, zugleich aber ein sehr schwieriger Chef, weil er sowohl genial als auch eitel und empfindlich war.«[2]

Galt das nicht auch für ihn selbst? Vergleicht man seinen damaligen Lebensweg mit dem seines Senators, so ergeben sich einige Gemeinsamkeiten: Beide besaßen eine scharfe analytische Intelligenz und ein damit korrespondierendes ehrgeiziges Selbstbewusstsein, beide waren Sozialdemokraten und Nationalökonomen, und beide hatten den Krieg an der Ostfront erlebt und waren jeweils als Oberleutnant aus britischer Kriegsgefangenschaft entlassen worden.

Schwerwiegender und, wie sich bald zeigen sollte, konfliktträchtiger waren aber die Unterschiede. Karl Schiller startete im Juli 1945 als Leiter der Zeitschrift »Weltwirtschaftliches Archiv« in Hamburg in die Nachkriegszeit. Im Juli 1946 übertrug ihm der Senat die Leitung der Gutachter-Kommission zum wirtschaftlichen Wiederaufbau der Hansestadt. Die souveräne Art und Weise, in der er diesen Auftrag gegen mancherlei Widerstände in der Hamburger SPD erfüllte (die Partei wollte damals die Schlüsselindustrien verstaatlichen), verschaffte ihm Ansehen und Respekt weit über die Hansestadt hinaus. Am 5. April 1947 erhielt er die Berufungsurkunde als ordentlicher Professor für Volkswirtschaftslehre, und am 13. Oktober 1948 erschien Karl Schiller als Senator für Wirtschaft und Verkehr auf der politischen Bühne der Hansestadt.

In den Bürgerschaftsdebatten beeindruckte er vom ersten Tag seiner Amtszeit an durch die erstaunliche Geduld, gewürzt mit Witz und Ironie, mit der er bemüht war, die zumeist schwierigen Sachverhalte seines Ressorts zu erläutern. Im Plenum und in den Ausschüssen trat er mit umfassender Kompetenz und anschaulichen Formulierungen auf. Diesem Senator hörte man wirklich zu. Glänzender konnte ein politischer Karrierestart nicht sein.

Helmut Schmidt dagegen war in diesen Nachkriegsjahren Student ohne vorherige Berufsausbildung, und Schiller war einer seiner Professoren. Der Student Schmidt lebte vom Gehalt seiner Frau. Insgesamt war das eine Konstellation, bei der es verwunderlich gewesen wäre, wenn sie keine Friktionen und Reibereien zur Folge gehabt hätte.

In seiner Behörde galt Karl Schiller als eitel, egozentrisch, überaus empfindlich und auf kühle Distanz achtend – ein schwieriger Dienstherr, der von seinen Mitarbeitern bedingungslose Unterordnung verlangte. Zunächst war das Verhältnis dieses Senators zu seinem persönlichen Referenten Helmut Schmidt harmonisch – zum Erstaunen ihres Umfeldes. Doch bald entwickelte sich daraus ein Dienstverhältnis mit mehr oder weniger stürmischen Zuspitzungen.

Anfang Dezember 1950 eskalierte die Situation. Schmidt überreichte seinem Senator ein Rücktrittsschreiben, das Festigkeit in der Sache mit Konzilianz im Ton verband. Der Anlass war eine von Schiller ausgesprochene lautstarke Zurechtweisung, mit der er seinem Referenten vorwarf, er habe vor einer wichtigen Sitzung die Unterlagen für einen Kredit der Landeszentralbank an die Stülcken-Werft unvollständig und mangelhaft zusammengestellt. Schmidt hatte das empört zurückgewiesen.[3]

Schillers ebenfalls schriftliche Reaktion war von herablassender Schärfe. Es war jedoch einigermaßen verblüffend, dass Helmut Schmidt nach diesem Zusammenstoß nicht etwa die Wirtschaftsbehörde verließ, sondern nur seinen Posten als persönlicher Referent aufgab. Er übernahm zunächst die wirtschaftspolitische Abteilung und wechselte dann in das Amt für Verkehr, dessen Leitung ihm im

Februar 1952 übertragen wurde. Damit unterstand ihm, natürlich unter dem Senator Professor Karl Schiller, grob gerechnet ein Fünftel dieser Behörde.

Plötzlich befand sich Helmut Schmidt in einer Schlüsselposition für den Wiederaufbau der hamburgischen Wirtschaft. Dieser konnte nur gelingen, wenn die im Krieg schwer angeschlagene Verkehrsinfrastruktur so schnell wie möglich wieder instand gesetzt wurde. Ohne die Zustimmung seines Senators wäre dieser Aufstieg Schmidts zweifellos nicht möglich gewesen.

Umso unverständlicher war es, dass die Behörde ihm zunächst das einem Amtsleiter zustehende Gehalt verweigerte. Schmidt war empört. Er schaltete die Gewerkschaft Öffentlicher Dienst, Transport und Verkehr (ÖTV) ein, deren Mitglied er war, und setzte seine Forderung durch. Natürlich belastete das sein Verhältnis zu Karl Schiller.

Zu einer weiteren Eintrübung ihrer Beziehungen kam es, als Schiller seine Position als Aufsichtsratsvorsitzender der städtischen Hamburger Hafen- und Lagerhaus AG (HHLA) benutzte, um in die Lebensplanung des Ehepaares Schmidt einzugreifen, was beide Eheleute ihm lange verübelten: Er verweigerte seine Zustimmung, als Helmut Schmidt das Angebot des HHLA-Chefs Ernst Plate akzeptieren wollte, in den Vorstand dieses Unternehmens zu wechseln, und zwar mit der Aussicht, den Vorsitz zu übernehmen. Das wäre in finanzieller Hinsicht eine mehr als verlockende Perspektive gewesen.

Zwar verfügten Helmut und Loki Schmidt jetzt über zwei Gehälter, doch auf Rosen gebettet waren sie damit keineswegs. Bislang hatten sie sehr beengt mit mehreren Mietparteien in einem Altbau in Othmarschen gewohnt. Am 29. Mai 1952 bezog die Familie eine eigene Wohnung am Schwalbenplatz 16. Loki erinnerte sich: »1952 sind wir nach Barmbek gezogen. In eine Wohnung, in der man die Wohnungstür hinter sich zumachen konnte, ein Traum von uns:

Wohnungstür zu [...] Es war eine kleine, nicht zu teure Wohnung von der Neuen Heimat.«[4]

Die Beziehungen zwischen Karl Schiller und Helmut Schmidt blieben diffizil, auch als sie einander längst als Bundesminister unter Kanzler Willy Brandt »auf Augenhöhe« begegneten. Schillers 80. Geburtstag am 24. April 1991 nahm Helmut Schmidt, nun schon fast ein Jahrzehnt Altbundeskanzler, zum Anlass für einen sehr persönlichen Brief, mit dem er eine Quintessenz ihrer über fast ein halbes Jahrhundert reichenden Beziehung zog: Wenn er die Laudatio auf Karl Schiller im Kaisersaal des Rathauses hätte halten dürfen, so wäre ihm dies »eine erwünschte Gelegenheit gewesen, Dir einmal im Leben persönlichen Dank zu sagen für vieles, was ich von Dir gelernt habe«. Das gelte selbst für die Bonner Jahre.[5]

Für ihre erste gemeinsame Zeit galt es ohnehin: »[...] habe ich bei dem um sieben Jahre älteren Schiller vieles gelernt, auch infolge seines direkten Umgangs mit Max Brauer und anderen führenden Sozialdemokraten, und ebenso wegen Schillers Teilnahme am Bundesrat in Bonn.«[6]

Für den späteren Innensenator und Bundespolitiker Helmut Schmidt waren diese vier Jahre in der von Schiller geleiteten Behörde ein Anschauungsunterricht, wie er unmittelbarer nicht sein konnte. Aus erster Hand bekam er einen Einblick in die für die Ministerialbürokratie typischen Abläufe, und vor allem lernte er die politische Maschinerie dieser jungen Bundesrepublik kennen. Keine akademische Vorlesung und kein politologisches Lehrbuch hätten ihm das bieten können. Er konnte das Wechselspiel von Bundesregierung, Bundestag und Bundesrat verfolgen, er gewann eine klare Vorstellung vom Gewicht des Föderalismus und dem damit verbundenen Zwang zum Kompromiss; vor allem aber hatte er sich mit den mancherlei Benachteiligungen zu befassen, die das »reiche Hamburg« in der »rheinischen Republik« Konrad Adenauers hinzunehmen hatte, zum Beispiel bei der Zuweisung von Bundesmitteln für Infrastrukturprojekte, deren Finanzierung unzweifelhaft im Bundeshaushalt und nicht im hamburgischen Landeshaushalt stattzufinden hatte. Es gab einfach ein »Einflussgefälle« zulasten des Stadtstaates, übrigens auch Bremens.

Spitzengenossen wie Hamburgs Bürgermeister Max Brauer und sein Bremer Amtskollege Wilhelm Kaisen mussten sich sogar in der eigenen Partei gegen hartnäckige Aversionen zur Wehr setzen: »Sie konnten sich zwar [...] auf eine große Zustimmung der Menschen in ihren Städten stützen, auch auf ihre heimatliche Parteiorganisation, aber die Parteiführung in Hannover und später in Bonn wollte von ihnen nichts hören. Sie ließ sogar Wilhelm Kaisen aus dem Parteivorstand abwählen. Mich hat das empört.«[7]

Max Brauer[8] war für ihn ein Vorbild, auch wenn er ihn zuweilen kritisierte. Am 14. August 1946, bei der Auftaktkundgebung zum sozialdemokratischen Bürgerschaftswahlkampf im Park »Planten un Blomen«, war Helmut Schmidt einer in der Menge gewesen, die Brauer, der damals noch amerikanischer Staatsbürger war und wieder heimkehren wollte in das zerstörte und demoralisierte Deutschland, fast schon flehentlich zurief: »Max Brauer, hierbleiben! Hierbleiben!« Es war, als ob die Zehntausende an diesem Tag geahnt hätten, dass dieser Mann nur wenige Monate später die Stadt in einer existenziellen Krise, der Kältekatastrophe des Winters 1946/47, vor dem Zusammenbruch mit unabsehbaren Folgen rettete.

Helmut Schmidt hat Brauers Charisma prägnant beschrieben: »Er holte uns aus den Kellern, den Baracken und Nissenhütten, und aus den Schreberlauben, damit wir anpackten. Und wir sind diesem begnadeten Willensmenschen gefolgt.«[9] »Wir« – das waren nicht nur die Männer und Frauen der eigenen Partei, sondern die ganze Stadt. Brauer gelang dies, weil er unbändige Tatkraft und unbeugsame Zuversicht verkörperte.

Sein Problem war indessen, dass sich mit der Gründung der Bundesrepublik 1949 ein großer Teil der politischen Entscheidungen nach Bonn verlagerte, und sie wurden von einer Bundesregierung getroffen, die sich im Bundestag auf breite bürgerliche Mehrheiten stützen konnte und der SPD eine politisch mühselige Existenz auf den Oppositionsbänken zuwies. Das waren die Rahmenbedingungen auch für den Verkehrsexperten Helmut Schmidt, der häufig in den Ausschüssen des Bundesrates die Interessen Hamburgs zu vertreten hatte.

Schmidt wurde Zeuge, wie Brauer und Schiller immer wieder bestrebt waren, die in der Hansestadt gewählten Bundestagsabgeordneten aller Parteien für die Belange Hamburgs zu gewinnen. Die alliierten Demontagen, die Randlage Hamburgs im Schatten des Eisernen Vorhangs, deren Folgen der Wirtschaftssenator Karl Schiller mit dem eingängigen Hinweis zu verdeutlichen suchte, dass »der Hamburger Hafen durch die Zonenspaltung nur auf einem Lungenflügel atmet«[10], der Wiederaufbau der Werftindustrie und der Handelsflotte, der immer noch unter alliierten Beschränkungen litt, sowie die für die Außenhandelsmetropole Hamburg überlebenswichtige schrittweise Rückkehr auf die Märkte der Welt: Das waren die strategischen Themen der hamburgischen Politik.

Eine der Grunderfahrungen, die Helmut Schmidt aus seiner Zeit in der Wirtschaftsbehörde mitnahm, betraf die Geduld, die man für politische Prozesse benötigt, wenn man Erfolg haben will.

Wie schwierig es überdies war, Hamburg und seine Wirtschaft nach diesem Krieg wieder auf dem internationalen Parkett zu präsentieren, hatte Helmut Schmidt ganz unmittelbar im August 1950 erlebt, als er, damals noch als persönlicher Referent, mit einer von Schiller geleiteten Delegation die Vereinigten Staaten besucht hatte. Neben Gesprächen mit Regierungs- und Wirtschaftsvertretern in Washington und New York, die vor allem der Aufhebung der alliierten Schifffahrts- und Schiffbaurestriktionen dienten (sie fielen ein halbes Jahr später, Anfang April 1951), ging es bei dieser Reise auch darum, auf einer internationalen Messe in Chicago für den immer noch stark zerstörten Hamburger Hafen zu werben. Pläne und Modelle sollten den Wiederaufbau schildern. Aber das war nicht das Hauptproblem. Verblüfft war Schillers Reisegesellschaft, als durchaus wohlwollend interessierte amerikanische Messebesucher wissen wollten, wie sich denn die Sowjets in Hamburg aufführten und wieso sie der Delegation erlaubt hätten, in Chicago diese Messe zu besuchen.[11]

Diese Unkenntnis der politischen Landkarte Deutschlands nach dem Krieg, auf die er damals in Chicago stieß, zeitigte bei Helmut Schmidt eine nachhaltige Wirkung. Die Frage, was die Amerikaner wirklich von Europa wissen (und umgekehrt die Europäer von Amerika), hat ihn auch später immer wieder beschäftigt. Zugleich war er tief beeindruckt von der Leistungsfähigkeit und Dynamik dieses riesigen Wirtschaftsraumes, die er in Chicago als politischer Amerika-Tourist und zugleich als Ökonom erlebte. Auch die Spontaneität und Großzügigkeit, dieses ganze optimistische »Think big« der Amerikaner, nahm er mit Erstaunen wahr; eine Korrektur mancher Vorurteile aus SDS-Zeiten über den »US-Kapitalismus«, die er noch mit sich herumgetragen hatte.

Eine Vertiefung erfuhren die in Chicago gewonnenen Eindrücke, als Helmut Schmidt nach dem Ende der offiziellen Delegationsreise zu einem privaten Besuch nach Duluth im Bundesstaat Minnesota aufbrach. Dort wurde er von seinem Onkel August Hanft, dem Bruder seiner Mutter, an einem langen Wochenende sehr herzlich aufgenommen. Er war eigentlich gekommen, um im Namen seiner eigenen Angehörigen den Dank für empfangene Hilfspakete auszusprechen. Nun wurde er nach der Lage in Deutschland befragt, ein Lokalblatt interviewte ihn (es war der erste Bericht über Helmut Schmidt in den US-Medien), und er besichtigte die kleine Eisengießerei seines Onkels, vor der er genauso viele Autos zählte, wie dort Mitarbeiter beschäftigt waren. Verblüfft gab er zu Protokoll: »Dergleichen hätten wir in Deutschland nicht zu träumen gewagt«.[12]

Sein Onkel eröffnete ihm am nächsten Tag eine Perspektive, auf die er nicht einmal andeutungsweise vorbereitet war: »Bleib einfach hier; wir stellen dich in der Fabrik ein. Ein leeres Haus haben wir auch für dich, du brauchst Loki und Susanne nur nachkommen zu lassen.« Es war ein in jeder Hinsicht verlockendes Angebot. »Amerika« – das war damals für viele Deutsche vor allem der jungen Generation eine Verheißung: ein Leben nicht inmitten von Trümmerfeldern, sondern im Wohlstand. Eine Existenz, in der man den Geist der Freiheit atmen konnte, nicht gegängelt durch kleinkarierte Vorschriften und ein bürokratisches Zuteilungs- und Berechtigungswesen. Und: Endlich keine Menschenschlangen vor den Geschäften mehr.

Helmut Schmidt hat das alles gesehen und erwogen, aber: »Wir haben uns nicht entschließen können, Deutschland zu verlassen, obschon wir damals mit vier Familien in einer Vierzimmerwohnung ziemlich trostlos hausten.«[13] Seine Aussichten, daran zweifelte er nicht, waren auch in Deutschland gut. Und sich am materiellen und moralischen Wiederaufbau zu beteiligen war für ihn auch eine Sache des Pflichtgefühls.

Ein Vierteljahrhundert nach jenem Besuch kam er noch einmal nach Duluth, nun mit Loki und als Bundeskanzler der Bundesrepublik Deutschland. Beide wurden mit einem »großen Bahnhof« geehrt.

Der Aufenthalt in den USA im Sommer 1950 hat den Horizont des Nachwuchspolitikers Helmut Schmidt enorm erweitert, und die Erfahrungen und Einsichten dieser Reise verstand er sehr geschickt bei den vielfältigen Aktivitäten einzusetzen, die er in der SPD und ihrem Umfeld, zum Beispiel in den Gewerkschaften, entfaltete. Er hielt Referate vor Parteigliederungen und Arbeitskreisen, er trat als Autor hervor und ließ seine Zuhörer und Leser einen Blick in jene große weite Welt werfen, von der er so imposante Eindrücke gewonnen hatte. Damit erwarb er sich weit über die Hansestadt hinaus einen Namen im linken Spektrum.

Das Problem, vor dem er dabei immer wieder stand, war die Diskrepanz zwischen der Beschlusslage seiner Partei und den Realitäten »draußen«, in der Wahrnehmung der Wählerinnen und Wähler. Mochten die Experten der SPD dem populären Wirtschaftsminister Ludwig Erhard (CDU) auch Widersprüche und politische Ungereimtheiten vorhalten – die 1952 in der Bundesrepublik auf breiter Front einsetzende wirtschaftliche Erholung gab nicht ihnen, sondern Erhard recht. Und wenn die SPD im Bundestag und auf Kundgebungen die von Bundeskanzler Konrad Adenauer eingeleitete Politik der Westintegration noch so leidenschaftlich bekämpfte – den brutal niedergeschlagenen Volksaufstand vom 17. Juni 1953 in der DDR nahm ein immer größerer Teil der Wählerschaft als Beweis dafür, dass Adenauers Politik richtig war.

In dieser Situation waren für die Bundestagswahl des 6. September 1953 in der SPD vor allem Kandidaten gefragt, die reden, die durch ihr Auftreten das Publikum beeindrucken konnten. Das erklärt, weshalb Helmut Schmidt im Frühjahr 1953 gleich drei Anfragen sozialdemokratischer Wahlkreisorganisationen, zwei aus Niedersachsen und eine aus dem Kreis Hamburg-Nord, mit dem Angebot erhielt, für den Bundestag zu kandidieren. Helmut Schmidt entschied sich für seine Vaterstadt, für den Wahlkreis 18 mit den Stadtteilen Fuhlsbüttel und Langenhorn.

Welche Motive hatte er für diesen weitreichenden Schritt? Sechs Jahrzehnte später gab er darauf eine saloppe Antwort: »Aus Daffke«, also aus Neugier. »Zunächst habe ich gedacht, es wäre ganz interessant, mal für vier Jahre in den Bundestag zu gehen. Das ist alles.«[14]

Der Kandidat und sein Wahlkampfteam im Kreis Hamburg-Nord standen nun vor der Frage, welches politische Angebot den Wählerinnen und Wählern für ihre Wahlentscheidung präsentiert werden sollte. Die CDU hatte in diesem Wahlkreis zugunsten des Freidemokraten Dr. Hermann Schäfer auf einen eigenen Kandidaten verzichtet. Schäfer war ein weit über die eigene Partei hinaus geschätzter Politiker, sein Auftreten, sein Werdegang, sein gesamter Hintergrund waren für bürgerliche Wähler attraktiv. Angesichts dieses Mitbewerbers kam der »Newcomer« Helmut Schmidt zu dem Schluss, eine betont sachliche Argumentationslinie sei geboten.

Der Brief, mit dem er sich den Wählerinnen und Wählern seines Wahlkreises vorstellte, zeigte das sehr deutlich. Er trat darin als Verkehrsexperte auf, verwies auf die seit 1949 »eingetretene zerstörerische Konkurrenz zwischen Eisenbahn, Binnenschifffahrt und Straßenverkehr«, die »dringend der Ordnung« bedürfe, und mahnte »auch in der Seeschifffahrt, im Luftverkehr und im Autobahnausbau [...] große Anstrengungen« an, denn »grade für Hamburg mit seinem von den alten Hinterlandverbindungen abgeschnittenen Hafen sind diese Aufgaben von lebenswichtiger Bedeutung«. Jedoch schien er der Überzeugungskraft dieser Sachargumente selbst nicht so recht zu trauen, denn für die Stimmabgabe appellierte er an »Ihr eigenes Urteil [...] und nicht zuletzt Ihr eigenes Herz«.[15]

Um dieser emotionalen Komponente seines Wahlkampfes noch zusätzlich Nachdruck zu verleihen, akzeptierte Helmut Schmidt gern das Angebot des SPD-Sympathisanten und Filmproduzenten Gyula Trebitsch, über den Kandidaten Schmidt einen Kurzfilm von ein paar Minuten Dauer zu drehen. Mit einer mobilen Leinwand sollte er an U- und S-Bahn-Stationen im Zeittakt der einfahrenden Züge vorgeführt werden. Das war eine für Deutschland völlig neue, personalisierte Form der Wahlwerbung, die Helmut Schmidt in Amerika kennengelernt hatte. Dort war es üblich, auch die Familie des Kandidaten miteinzubeziehen. Also traten in diesem kleinen Film auch Ehefrau Loki und Tochter Susanne auf. Mit politischen Aussagen hatte das alles nichts mehr zu tun, und vor allem in der eigenen Partei kreidete man Helmut Schmidt persönliches Geltungsbedürfnis und Wichtigtuerei an. Das Publikum aber fand diesen Wahlkampfstil jedenfalls interessanter als die herkömmlichen Parteiveranstaltungen mit ihrem festgefügten Ablauf und den ewig gleichen Thesen.

Im Mai 1947 wird Töchterchen Susanne geboren. Ein Jahr später versammelt sich die glückliche Familie auf dem Balkon ihrer Wohnung in der Corinthstraße.

Der Wahlabend allerdings verlief ernüchternd: Der direkt gewählte Bundestagsabgeordnete dieses Wahlkreises hieß Dr. Hermann Schäfer. Der Kandidat Helmut Schmidt hatte sich auf der SPD-Landesliste mit Platz 6 absichern lassen – die ersten fünf Plätze gingen an die anderen Bundestagskandidaten. Auch das hätte fast nicht gereicht. Die SPD, die 1949 noch 39,6 Prozent der Zweitstimmen erhalten hatte, kam 1953 nur noch auf 38 Prozent. Alle Wahlkreise in Hamburg bis auf den von Herbert Wehner in Harburg gingen verloren, Platz 7 der SPD-Landesliste zog schon nicht mehr. Helmut Schmidt wurde also Mitglied des 2. Deutschen Bundestages. Ein Einzug mit Glanz und Gloria allerdings war das nicht.

Anmerkungen

1 Loki, S. 100.

2 Schmidt, Weggefährten, S. 403.

3 Torben Lütjen: Karl Schiller (1911 – 1994), Bonn 2007, S. 129.

4 Loki, S. 101.

5 Lütjen, S. 127.

6 Schmidt, Weggefährten, S. 403.

7 Ebd., S. 406.

8 Max Brauer (1887 – 1973) war von 1946 bis 1953 und von 1957 bis 1960 Erster Bürgermeister der Hansestadt.

9 Schmidt, Weggefährten, S. 533.

10 Uwe Bahnsen: Karl Schiller, Hamburg 2008, S. 69.

11 Schmidt, Menschen und Mächte, S. 168.

12 Schmidt, »Zeit«-Interview.

13 Soell, S. 232.

14 Schmidt, »Zeit«-Interview.

15 Zitiert nach Soell, S. 232.

Der Mann mit der »schnellen Schnauze«

Auf der Bonner und der Hamburger Bühne

Die erfolgreiche Kandidatur Helmut Schmidts für die zweite Legislaturperiode des Deutschen Bundestags bedeutete für ihn und seine Familie einen tiefen Einschnitt. Auf einmal verlief das Leben in ganz neuen Bahnen. Das Bonner Terrain war für Schmidt keineswegs fremd, als Leiter des Amtes für Verkehr hatte er Hamburg häufig in den Ausschüssen des Bundesrates vertreten. Doch auf den Parlamentsnovizen warteten Erfahrungen, die sehr ernüchternd waren. Etwa beim lieben Geld. Es stellte sich heraus, »dass ich finanziell – wegen all der zusätzlichen Kosten – schlechter gestellt war als vorher im Beruf. Auch gab es keine Altersversorgung, so dass ich meine Angestellten-Rentenversicherung ›freiwillig‹ auf eigene Kosten fortgesetzt habe.« Die Arbeitsmöglichkeiten erwiesen sich zudem als »äußerst kümmerlich; man hatte keinen Mitarbeiter und keine Sekretärin. Ohne Lokis Lehrerinnengehalt wäre unser Leben sehr schwierig gewesen.«[1]

Wieder bewährten sich Lokis Sparsamkeit und ihre Umsicht in finanziellen Dingen. Nun war sie während der Woche mit Tochter Susanne in Hamburg allein. Sie beklagte sich darüber nicht, denn sie hatte diese Entscheidung zur Kandidatur mitgetragen, doch musste sie nun jedenfalls für vier Jahre die Herausforderungen des Alltags allein meistern. Ein Umzug der Familie nach Bonn kam für sie und auch für ihren Mann nicht in Frage, dazu waren die Unsicherheitsfaktoren zu groß.

Der junge Abgeordnete – er wohnte in Bonn in einem angemieteten Zimmer – stieß in der neuen SPD-Fraktion auf Strukturen, die schon in der vorigen Legislaturperiode entstanden waren. Es gab den verkehrspolitischen Sprecher Dr. Paul Bleiß, der keinesfalls die Absicht hatte, sich diese Aufgabe aus der Hand winden zu lassen, schon gar nicht von einem Parlamentsneuling.

Jedoch hatte Helmut Schmidt das Glück, dass erfahrene Fraktionskollegen ihn unter ihre Fittiche nahmen. So fand er Anschluss an eine Runde von SPD-Abgeordneten um den Haushaltsexperten und Zeitungsverleger Erwin Schöttle, die sich jeweils am Dienstagabend nach der Fraktionssitzung im Restaurant »Schaumburger Hof« in Bad Godesberg traf.

Die politische Lage war für die SPD nach dieser zweiten Bundestagswahl alles andere als komfortabel. Die Unionsparteien hatten unter der straffen Führung des Bundeskanzlers Konrad Adenauer ihren Stimmenanteil von 31 Prozent bei der Wahl 1949 auf nun fast schon sensationelle 45,2 Prozent verbessern können. Die SPD hingegen hatte einen Rückgang von 29,2 auf 28,8 Prozent hinnehmen müssen. Das lag an der honorigen, doch farblosen Persönlichkeit ihres Spitzenkandidaten Erich Ollenhauer, aber vor allem am beginnenden Wirtschaftswunder und der Zuspitzung in der Deutschlandpolitik nach dem gescheiterten Volksaufstand des 17. Juni 1953 in der DDR. Oppositionspolitik war angesichts dieser Rahmenbedingungen ein hartes Brot.

Helmut Schmidt hielt sich bei seinem Start als Bundestagsabgeordneter an das Versprechen, das er als Kandidat der Wählerschaft gegeben hatte: Die Verkehrspolitik sollte seine Priorität sein. In seiner Jungfernrede am 11. Februar 1954 befasste er sich mit der Antwort der Bundesregierung auf eine Große Anfrage der SPD zur Verkehrspolitik, die vor allem auf seine Initiative zurückging. Das große Thema in diesem Politikbereich war damals das Verkehrsfinanzierungsgesetz, und die Frage, in welcher Höhe die einzelnen Verkehrsträger, zum Beispiel der Güterkraftverkehr, zur Finanzierung herangezogen werden sollten, war heiß umstritten. Schmidt erhielt mit seiner Jungfernrede ein Medienecho, das bei einem Bundestagsnovizen völlig ungewöhnlich war. Große überregionale

Blätter wie »Die Welt« und die »Frankfurter Allgemeine Zeitung«, aber auch andere Zeitungen lobten seinen Auftritt in dieser Debatte mit Nachdruck, und er konnte mit seinem Start auf dem tückischen Bonner Parkett zufrieden sein.

Das half ihm auch in der eigenen Fraktion, die rasch wahrnahm, dass ihr hier ein junger Kollege zugewachsen war, der offenbar ein rhetorisches Naturtalent war und nicht nur mit Sachkompetenz, sondern auch mit Schlagfertigkeit und sogar mit Humor zu argumentieren verstand. So häufig kam es ja nicht vor, dass ein SPD-Abgeordneter im Hohen Haus am Rheinufer »Große Heiterkeit« auslöste, so festgehalten im amtlichen Sitzungsprotokoll, als er den Bundesverkehrsminister mit einem Knüttelvers bedachte: »Wem der Herrgott gab ein Amt, dem gibt er – schließlich und schlussendlich – auch Verstand. So hoffen wir zum Himmelszelte, dass dieses auch für Seebohm gelte.«[2]

Helmut Schmidt entwickelte sich zu einem Verkehrsexperten, dessen umfassende Sachkompetenz auch in den Koalitionsfraktionen und in der Wirtschaft anerkannt wurde. So urteilte der Hamburger Industrielle Otto A. Friedrich, Schmidt verstehe nicht nur »wie wenige« die Verkehrszusammenhänge, sondern habe den »bei Deutschen so seltenen ›common sense‹ für brauchbare Lösungen und für ein maßvolles beharrliches Anstreben vernünftiger Endziele«.[3] Er stritt (häufig gemeinsam mit anderen hamburgischen Bundestagsabgeordneten) für den Wiederaufbau der deutschen Seeschifffahrt, für den immer wieder dringlichen Ausbau des Straßennetzes, für eine deutlich höhere Rentabilität der Bundesbahn.

Dennoch sah er in der Verkehrspolitik nicht das Feld, dem er seine politische Zukunft widmen wollte: »Und dann wurde plötzlich ein Thema akut, das ich faszinierend fand, nämlich die Wiederbewaffnung der Deutschen durch die Alliierten. Gemeinsam mit Fritz Erler war ich einer derjenigen, die auf sozialdemokratischer Seite – ähnlich wie es solche Kollegen auch auf Seiten der CDU, der CSU und der FDP gegeben hat – um Gottes willen verhindern wollten, dass die alte Wehrmacht wieder aufgebaut wurde.«[4]

In den politischen Auseinandersetzungen um die damals von der SPD strikt abgelehnte deutsche Wiederbewaffnung und die Einbindung der Bundesrepublik in das westliche Bündnissystem wurde Helmut Schmidt zu einem der prominentesten deutschen Sozialdemokraten. Er beherrschte alle Spielarten der parlamentarischen Debatte, von kühl-logischer Sachlichkeit bis zur schneidend scharfen demagogischen Attacke. Es war für ihn wie für Erler und andere Sozialdemokraten eine politische Gratwanderung, einerseits mit seiner Partei den politischen Kurs abzulehnen, der zur deutschen Wiederbewaffnung führte, zugleich aber bei der neuen Wehrverfassung und der Umsetzung des Leitbildes vom »Staatsbürger in Uniform« sehr konstruktiv mitzuarbeiten.

Die damaligen Bundestagssitzungen zur deutschen Wiederbewaffnung waren Medienereignisse, die das Publikum gespannt verfolgte. Helmut Schmidts Spitzname »Schmidt-Schnauze« entstand in dieser Zeit, und zwar nicht etwa als böswillige Abqualifizierung durch die politischen Gegner. Er selbst hatte dieses Stichwort geliefert, indem er einem Journalisten im Januar 1957 in den Notizblock diktierte: »Ich bin der Mann mit der schnellen Schnauze.«[5] Im klatschsüchtigen Bonn machte dieser Satz schnell die Runde.

Im Sommer 1956 hatte Helmut Schmidt sich zum Vorsitzenden des einflussreichen SPD-Kreises Hamburg-Nord wählen lassen. Er hielt es für wichtig, an der Parteibasis und in der Hamburger SPD-Führung fest verankert zu sein. Als Kreisvorsitzender war er Mitglied des SPD-Landesvorstandes und konnte in dieser Funktion politische und personelle Ansprüche anmelden. Wie die Bundestagswahl 1957 ausgehen würde, war völlig ungewiss, und auch für einen inzwischen prominenten Abgeordneten wie ihn war es wünschenswert, persönliche Alternativen zu haben. Er wollte nicht ausschließen, dass er irgendwann die auf die Dauer doch frustrierende

Rolle eines Bonner Oppositionspolitikers mit der handfesten und gesicherten Existenz eines hamburgischen Senatsmitglieds vertauschen würde.

Der bürgerliche Hamburg-Block unter Bürgermeister Kurt Sieveking (CDU), das war täglich in den Zeitungen nachzulesen, taumelte im Hamburger Rathaus seinem Ende entgegen, und im Spätherbst 1957 wurde in der Hansestadt ein neues Landesparlament gewählt. Es war absehbar, dass die SPD in ihrer Hochburg Hamburg an die Macht zurückkehren würde. Also war der Vorsitzende des mitgliederstärksten SPD-Kreises Nord doch gut beraten, parteiintern »das Pulver trocken zu halten«. Konkret bedeutete das zunächst: Ebenso wie bei der Bürgerschaftswahl 1957 musste die Hamburger SPD auch bei der Bundestagswahl im selben Jahr ein gutes Ergebnis erzielen.

Helmut Schmidt war ein begeisterter Wahlkämpfer. Noch Jahrzehnte später geriet er im Hinblick auf sein damaliges Team ins Schwärmen: Die »Wahlkämpfe in Hamburg-Nord waren herrliche Zeiten ganz intensiver, herzlicher und begeisternder Zusammenarbeit von über vierzig meist jungen Leuten, darunter auch Hausfrauen und Mütter [...] Natürlich gehörte auch der Kreisvorstand zu dieser Wahlkampfmannschaft.« Und wenn, wie geschehen, im Kreisbüro die Nachricht eintraf, dass »eine Gruppe junger Kommunisten systematisch unsere auf hölzernen Stellschildern montierten Plakate zerstört« hatte, »stürzten wir alle zu unseren Autos und brausten zum Ort des Geschehens. Eine solenne Prügelei stand bevor. Jedoch hat der besonnene Peter Schulz [der spätere Bürgermeister und Bürgerschaftspräsident, d. Verf.] mich daran gehindert, loszuschlagen und eine Körperverletzung zu begehen. Die Kommunisten zogen sich ohne Prügel zurück, denn wir waren in der Überzahl.«[6]

Im Bundestagswahlkampf hatte die SPD indessen eine offene Flanke – die Soldaten der jungen Bundeswehr. Helmut Schmidt entwarf gemeinsam mit seinem Freund und Bundestagskandidaten Karl-Wilhelm Berkhan Anfang September 1957 einen Brief an die in der Hansestadt stationierten Soldaten, den alle Bundestagskandidaten der Hamburger SPD unterzeichneten. Darin erläuterten sie den Kurs der SPD, die in der Einbeziehung der beiden Teile Deutschlands in die »feindlichen Militärbündnisse Nato und Warschauer Pakt« das »Haupthindernis« für die friedliche Wiedervereinigung Deutschlands sah. Stattdessen müsse ein wirksames System der kollektiven Sicherheit geschaffen werden, und dann werde auch ein wiedervereinigtes Deutschland einen eigenen militärischen Beitrag leisten müssen.

Zugleich machte der Brief die Soldaten darauf aufmerksam, dass die SPD im Bundestag daran mitgewirkt hatte, auch ihre Grundrechte als Staatsbürger in Uniform zu sichern. Mit dieser zentralen Botschaft, dem kompletten Kontrastprogramm zur Sicherheitspolitik der Unionsparteien unter Kanzler Konrad Adenauer, war der Wahlkämpfer Helmut Schmidt unermüdlich unterwegs.[7] Wieder gab ihm sein Freund und Förderer Gyula Trebitsch Hilfestellung mit einem kleinen Film, der wie bereits vier Jahre zuvor an den S- und U-Bahn-Haltestellen vorgeführt wurde.

Jedoch war der Kreisvorsitzende Helmut Schmidt schon Ende 1956 zu der Auffassung gekommen, die SPD müsse nicht nur die Wählerschaft, sondern vorher erst einmal die eigenen Mitglieder und Funktionäre überzeugen. In einem parteiinternen Rundbrief vertrat er Thesen, die aus heutiger Sicht die Frage nahelegen, ob er damals der eigenen Wahlpropaganda erlegen ist: »Die Adenauer-Ära ist zu Ende, der Glorienschein des Kanzlers hat sich in ein schweres Handicap für seine Partei verwandelt. Sie weiß, dass das Volk ihm nicht mehr vertraut.« Und das »Wirtschaftswunder«, das er nicht bestreiten konnte, wäre »bei diesem fanatischen Arbeits- und Wiederaufbauwillen von 50 Millionen Menschen […] genauso gut möglich gewesen, […] ohne dass das Kapital sich so schamlos bereicherte und der kleine Mann auf der Straße blieb.«[8] Zweiundvierzig Prozent der Stimmen, so hätten die Meinungsforscher ermittelt, würde die SPD bei einer Bundestagswahl im Oktober 1956 bekommen haben, die CDU/CSU nur noch 35 Prozent.

Der Wahlabend am 15. September 1957 brachte das jähe Ende solcher Träumereien: Adenauer war der strahlende Sieger, die Unionsparteien erreichten mit 50,2 Prozent die absolute Mehrheit und waren, da sie keinen Koalitionspartner mehr benötigten, auf dem Höhepunkt ihrer Macht, die SPD war im Bund mit 31,8 Prozent weit abgeschlagen. Nicht nur hatte der wirtschaftliche Aufschwung inzwischen die große Mehrheit der Bevölkerung erreicht. Wieder hatte die Entwicklung im Ostblock der CDU/CSU durchschlagende Argumente geliefert. Der im Herbst 1956 von sowjetischen Panzern brutal niedergeschlagene Volksaufstand in Ungarn hatte in der Bundesrepublik abermals auf breiter Front Angstreflexe ausgelöst.

Ein Trostpflaster war für die SPD das Hamburger Ergebnis der Bundestagswahl: Sie erreichte 45,8 statt bislang 38 Prozent, die CDU 37,4 Prozent (1953: 36,7 Prozent). Der Abstand zwischen beiden Parteien war sehr viel größer geworden. Das hatten sicherlich vor allem die Pannen und Skandale des seit 1953 regierenden, CDU-geführten Block-Senats bewirkt. Helmut Schmidt wurde in seinem Wahlkreis mit 44,1 statt vorher 38,1 Prozent der Stimmen direkt gewählt – ein schöner persönlicher Erfolg.

Zu einem förmlichen Wahltriumph für die Hamburger SPD wurde jedoch die Bürgerschaftswahl vom 10. November 1957. Mit 53,9 Prozent, ihrem bis dahin besten Nachkriegsergebnis, fand die Partei zu neuer Stärke zurück. Sie hätte allein regieren können, wollte jedoch eine sozialliberale Koalition mit der FDP eingehen. Der Hamburg-Block war eine Episode geblieben, die CDU hatte mit 32,3 Prozent enttäuschend abgeschnitten.

Diese Hamburger Wahlergebnisse der SPD stärkten auch die Position der Hamburger SPD-Abgeordneten im Bundestag. Aber sie bewahrten Helmut Schmidt nicht vor einer bitteren Erfahrung mit seiner eigenen Partei. Die Bundes-SPD hatte als eine der Konsequenzen aus der herben Wahlniederlage im Mai 1958 auf ihrem Stuttgarter Parteitag beschlossen, in den Streitkräften, an deren Existenz sie nichts mehr ändern konnte, um Vertrauen zu werben. Helmut Schmidt gehörte zu den SPD-Politikern, die das für dringend erforderlich hielten und ihre Partei vor einer politischen Indoktrinierung der Bundeswehr durch die Unionsparteien warnten und auf die verhängnisvollen Fehlentwicklungen in der Reichswehr der Weimarer Republik verwiesen. Jedoch gab es in der Partei eine sehr einflussreiche Strömung, die von diesem Argument nichts wissen wollte.

Schmidt blieb nicht nur bei seinem Standpunkt, sondern er ging noch einen Schritt weiter, indem er es für erforderlich erklärte, die Bundeswehr auch »von innen« kennenzulernen. Das bedeutete die Teilnahme an Reserveübungen – eine fast schon provokante Vorstellung für seine innerparteilichen Gegner. Helmut Schmidt beschloss ebenso wie sein Fraktionskollege Berkhan, ein Zeichen zu setzen und eine Reserveübung anzutreten. Vom 20. Oktober bis zum 15. November 1958 rückte er in die Flugabwehrschule Rendsburg ein. Das Bild, das den Hauptmann der Reserve Helmut Schmidt in Uniform im Gespräch mit hohen Bundeswehroffizieren zeigte, ging durch alle Zeitungen.

Die Quittung aus der Partei kam umgehend und noch während seiner Reserveübung: Bei den Wahlen zum Vorstand der SPD-Bundestagsfraktion erhielt er von 137 abgegebenen Stimmen nur 68 und musste aus dem Fraktionsvorstand ausscheiden. Das war eine bittere Niederlage. Bei seinen innerparteilichen Gegnern galt er nun als »Militarist«; an seiner Überzeugung, dass er richtig gehandelt hatte, änderte das nichts.

So wie Helmut Schmidt es für erforderlich hielt, durch die demonstrative Teilnahme an einer Wehrübung für seine Partei das Tor zu den Streitkräften aufzustoßen, hielt er es zugleich für geboten, in der Bundesrepublik die öffentliche Diskussion über Strategien zur Kriegsverhinderung im atomaren Zeitalter voranzubringen. Das

Ergebnis war das Anfang März 1961 erschienene Buch »Verteidigung oder Vergeltung«[9], das seinen Ruf als Wehrexperte nachhaltig festigte.

Die Analyse der Abschreckungsstrategien und der daraus zu ziehenden Konsequenzen für die deutsche und westeuropäische Verteidigungspolitik war keine Fortsetzung der einschlägigen Bundestagsdebatten. Es ging ihm vielmehr darum, der politischen Öffentlichkeit, dem Parlament, aber auch der Bundeswehr Einblicke und Erkenntnisse zu den drängenden Problemen der deutschen Sicherheitspolitik zu vermitteln. Der politische Temperatursturz in den Ost-West-Beziehungen als Folge des 13. August 1961 und zwei Jahre später die Kuba-Krise, die die Welt an den Rand eines Nuklearkriegs trieb, zeigten die ganze Dringlichkeit seiner Argumentation.

Helmut Schmidt hatte sich mit seinen Aktivitäten innerhalb wie außerhalb der eigenen Partei einen glänzenden Ruf als Verteidigungspolitiker erworben. Doch in der offiziellen SPD-Regierungsmannschaft, mit der der Berliner Regierende Bürgermeister und SPD-Kanzlerkandidat Willy Brandt zur Bundestagswahl 1961 antrat, war für Helmut Schmidt kein Platz. Er besann sich auf seine politischen Wurzeln und zog daraus den Schluss, seine Zukunft vorerst in Hamburg und nicht in Bonn zu suchen. Private Erwägungen kamen hinzu. Helmut und Loki Schmidt fanden, mit der Wochenendehe sei es nun genug.

Als SPD-Kreisvorsitzender in Hamburg-Nord hatte Helmut Schmidt sich zum Ziel gesetzt, die im November 1959 im »Godesberger Programm« beschlossene Öffnung der SPD mit dem Bekenntnis zur Marktwirtschaft, zur Landesverteidigung und zum Wandel von der sozialistischen Arbeiter- zur linken Volkspartei auch in Hamburg voranzutreiben. Das betraf auch die von der Partei dominierten, verkrusteten Verwaltungsstrukturen der Hansestadt, die er mit dem Ziel einer größeren Bürgernähe reformieren wollte. Die Verwaltung sollte dezentralisiert und zugleich einer künftigen Behörde für Inneres unterstellt werden. Deren Chef würde nicht nur über die Polizei und den Verfassungsschutz, sondern auch über das Personal- und das Organisationsamt gebieten und wäre somit der mächtigste Mann im Senat.

Einen Innensenator zu berufen war ohnehin eine Forderung, die der Kreis Nord schon vorher erhoben hatte. Hamburg war der einzige Stadtstaat ohne ein solches Mitglied der Landesregierung; auch einen Justizsenator hatte die Hansestadt nicht – für ein modernes Staatswesen ein unhaltbarer Zustand. Die Polizei unterstand einem Polizeisenator, dem »Polizeiherrn« von einst, noch aus der nachnapoleonischen Zeit herrührend.

Schließlich einigte sich die Parteiführung darauf, nach der Bürgerschaftswahl 1961 eine Innenbehörde zu gründen. Dann würde die Ära Brauer beendet sein. Nach dem Wahltriumph vom 10. November 1957 war Max Brauer zwar in sein Amt als Erster Bürgermeister zurückgekehrt, doch mit der Zusage, rechtzeitig vor der Bürgerschaftswahl 1961 auszuscheiden, um seinem designierten Nachfolger Paul Nevermann Gelegenheit zu geben, sich zu profilieren. Diese Bedingung war deshalb berechtigt, weil Nevermann der eigentliche Wahlsieger von 1957 war. Als sozialdemokratischer Oppositionsführer hatte er den Block-Senat konsequent und in souveräner Manier vor sich hergetrieben und die Skandale und Defizite dieser bürgerlichen Landesregierung aufgedeckt.

Max Brauers Abschied verlief dramatisch, jedenfalls hinter den Kulissen. Genervt von Journalistenfragen, wann denn nun der Wechsel im Amt des Ersten Bürgermeisters stattfinden werde, ließ Brauer die Parteiführung zunächst Monate hindurch im Unklaren darüber, ob er sich an die getroffene Absprache halten werde. Es drohte ein hochnotpeinlicher Eklat. Erst das Angebot des Kreisverbandes Nord, dort für den Bundestag zu kandidieren, und Willy Brandts Zusage, ihn in seine Regierungsmannschaft zu berufen, stimmten ihn um. Mit der

Verleihung der Ehrenbürgerwürde verließ am 20. Dezember 1960 ein großer Hamburger, dem die Stadt viel zu verdanken hat, das Rathaus, und der Fackelzug dankbarer Mitbürger bedeutete ihm mehr als die offiziellen Reden, die zuvor gehalten worden waren.

Das Ergebnis der Bundestagswahl vom 17. September 1961 bestärkte Helmut Schmidt in seiner Entscheidung, in Hamburg eine neue Aufgabe zu übernehmen. Die SPD konnte zwar mit 36,2 Prozent deutlich Terrain gewinnen, und die Unionsparteien büßten mit 45,3 Prozent ihre absolute Mehrheit ein; aber ihr Ziel, endlich Regierungspartei zu werden, hatte die SPD erneut verfehlt. Sicher war nach dieser Wahl nur, dass Adenauer zur Mitte der neuen Legislaturperiode aus dem Amt scheiden werde, denn das war eine zentrale Bedingung der FDP, die mit 12,8 Prozent ein exzellentes Wahlergebnis erzielt hatte und den Kanzler keine weiteren vier Jahre im Bonner Palais Schaumburg, dem Bundeskanzleramt, sehen wollte. Max Brauer wurde Bundestagsabgeordneter. Doch das Bonner Terrain behagte ihm nicht – und die Art und Weise, in der dort Politik gemacht wurde, ebenfalls nicht.

Nun konzentrierten sich alle politischen Überlegungen in der Hansestadt auf die Bürgerschaftswahl vom 12. November 1961. Im Mittelpunkt stand die Frage, wie die Wählerschaft auf den Wechsel im Amt des Ersten Bürgermeisters reagieren würde. Das Ergebnis war ein erneuter SPD-Triumph: 57,4 Prozent, also noch einmal deutlich mehr Stimmen als die 53,9 Prozent vier Jahre zuvor – ein überwältigender Vertrauensbeweis für Paul Nevermann. Die CDU konnte mit nur noch 29,1 Prozent ihren Status als 30-Prozent-Partei nicht mehr halten. Kurz nach der Wahl bot der SPD-Landesvorstand Helmut Schmidt formell an, in den neuen Senat einzutreten. Er sollte die Nachfolge des bisherigen Polizeisenators Dr. Wilhelm Kröger (SPD) antreten (der von seiner Ablösung aus der Zeitung erfuhr), die künftige Behörde für Inneres aufbauen und der erste Innensenator der Hansestadt werden. Schmidt sagte auf der Stelle zu. Der »Bild«-Zei-

Der Hamburger Senat wählt Helmut Schmidt im Dezember 1961 zum Polizeisenator. Hier spricht er vor der Bürgerschaft, links nachdenklich der Erste Bürgermeister Paul Nevermann.

tung offenbarte er in einem Interview vom 7. Dezember, er habe sich nach acht Jahren Opposition in Bonn »nach einer handfesteren Arbeit« gesehnt.

Doch jetzt überstürzten sich die Ereignisse: Am 11. Dezember 1961 erlitt der Westberliner Innensenator Joachim Lipschitz (SPD) in einer Senatssitzung einen Herzanfall, den er nicht überlebte. Angesichts der diffizilen Sicherheitslage in den nunmehr eingeschlossenen Westsektoren bedeutete das für den Regierenden Bürgermeister Willy Brandt einen schweren Verlust. Zwei Tage später, am 13. Dezember, erschien Brandts Chef der Senatskanzlei, Heinrich Albertz (SPD), in Hamburg und bot Schmidt an, als Innensenator nach Berlin zu kommen. Am Nachmittag dieses Tages sollte er jedoch in der Bürgerschaft gewählt und vereidigt werden. Es blieben ihm nur wenige Stunden Zeit, um diese Alternative zu prüfen und sich zu entscheiden.

Falls Brandt nach der Bundestagswahl in die Bundespolitik gewechselt wäre, in welches Amt auch immer, hätte Joachim Lipschitz seine Nachfolge als Regierender Bürgermeister angetreten – darüber hatte man sich in der Berliner SPD-Führung verständigt. Nun stellte Albertz klar, dass diese Perspektive auch für einen Innensenator Schmidt gelten würde. Er konnte mit einem weiteren Argument aufwarten, das Helmut Schmidt sehr wohl beeindruckte: Politiker aller Parteien, auch Schmidt selbst, hatten nach dem 13. August dazu aufgerufen, sich in Berlin zu engagieren, um der bedrängten Stadt und ihrer Bevölkerung Rückhalt zu geben. Karl Schiller, sein früherer Chef, war diesem Appell gefolgt und hatte sich bereit erklärt, als Wirtschaftssenator in Brandts Senat einzutreten.

War es nicht Schmidts Pflicht, ebenfalls ein Beispiel zu geben? Unter allen Herausforderungen, die Berlin damals bereithielt, war das Amt des Innensenators sicherlich am anspruchsvollsten. Wer auf diesem Stuhl saß, musste in einer politisch aufgeheizten Atmosphäre dem Schutzbedürfnis der Bevölkerung genügen, den Polizeiapparat unter Kontrolle halten und zugleich den durchaus nicht immer einheitlichen Vorgaben der drei westlichen Stadtkommandanten für die Sicherheit in ihrem jeweiligen Sektor entsprechen.

Helmut Schmidts Entschluss, an der Zusage für Hamburg festzuhalten, war im Wesentlichen der Überzeugung geschuldet, dass in der Politik Verlässlichkeit eine Kardinaltugend und das Gegenteil ein lange nachwirkendes, schweres Handicap ist. Diesen Ruf wollte er sich nicht zuziehen. Heinrich Albertz kehrte also unverrichteter Dinge zurück nach Berlin, und da die Zeit drängte, wurde er selbst der Nachfolger von Joachim Lipschitz. Helmut Schmidt und drei weitere Kandidaten wurden am 13. Dezember 1961 von der überwältigenden Mehrheit der sozialliberalen Koalition in den Senat gewählt. Bei der anschließenden Vereidigung wurde aufmerksam registriert, dass der neue Polizeisenator die Eidesformel mit dem Zusatz »So wahr mir Gott helfe« sprach. Unter den SPD-Senatoren war er damit eine Ausnahme.

Das neue Amt übernahm Helmut Schmidt mit dem Arbeitstempo, das für ihn typisch war. Er versorgte Bürgermeister Paul Nevermann gleich nach dem Jahreswechsel mit Überlegungen und Hinweisen für die Regierungserklärung, denn es ging ja nicht nur darum, mehrere Senatsämter, Fachbehörden und die Polizei zur neuen Behörde für Inneres zusammenzuführen. Auch so brisante Probleme wie die damals noch ausstehende Notstandsverfassung, mit der die bisherigen alliierten Eingriffsrechte abgelöst werden sollten, sprach er in diesem Papier bereits an. Es ging um Regelungen für den äußeren Notstand im Verteidigungs- und Spannungsfall und den inneren Notstand durch Unruhen und Naturkatastrophen.

Er ließ sich von den ihm künftig unterstehenden Amtsleitern Aufgaben und Probleme erläutern, und in einer dieser Sitzungen ging es am 17. Januar 1962 auch um die Frage, wie die Freie und Hansestadt Hamburg für Katastrophen gerüstet war. Das Ergebnis konnte den neuen Senator nur teilweise zufriedenstellen: »Normale« Katastrophenfälle waren durch Polizei und Feuerwehr beherrschbar, Großkatastrophen jedoch nicht. Im Mai 1962 sollte ein solcher Fall in einem Planspiel näher untersucht werden.

Anmerkungen

1 Schmidt, Weggefährten, S. 412.

2 Soell, S. 243 ff.

3 Ebd., S. 889, Anm. 19.

4 Schmidt, »Zeit«-Interview.

5 Soell, S. 256 und S. 890, Anm. 59.

6 Schmidt, Weggefährten, S. 407 ff.

7 Soell, S. 264.

8 »Nordecho«, hrsg. vom SPD-Kreisvorstand Nord, 1. Dezember 1956.

9 Helmut Schmidt: Verteidigung oder Vergeltung. Ein deutscher Beitrag zum strategischen Problem der Nato, Stuttgart 1961.

»Herr der Flut«

Als in Hamburg die Deiche brachen

Die erste Innenministerkonferenz, an der Helmut Schmidt teilnahm, fand am 15. und 16. Februar 1962 in Berlin statt. Er war mit seinem Dienstwagen angereist. Beunruhigt über die Wetterentwicklung, hatte er sich am 16., einem Freitag, mehrfach bei seiner Behörde nach der Lage erkundigt, doch die Auskünfte, die er erhielt, waren unaufgeregt. Immerhin hatte der NDR aber vormittags um elf Uhr eine Sturmflutwarnung ausgestrahlt und nach den 13-Uhr-Nachrichten wiederholt. Weitere Warnungen folgten sehr spät – um 20.33 Uhr und um 21.45 Uhr.

Helmut Schmidt hatte am Abend nach dem Abschluss der Konferenz noch die Heimreise angetreten, auf der Fernstraße 5, der Transitstrecke durch die DDR, ging es zurück nach Hamburg. Tückische Sturmböen und unübersichtliche Verkehrssituationen, typisch für diese Interzonenstrecke bei Dunkelheit, zwangen ihn und seinen Fahrer, mit dem er sich am Lenkrad abwechselte, immer wieder zur Vorsicht. Am späten Abend war er endlich zu Hause, einigermaßen erschöpft von der anstrengenden Fahrt.

Am 15. Dezember 1961 hatte die Familie Schmidt ihr neues Domizil am Neubergerweg in Langenhorn bezogen, ein von der Neuen Heimat gekauftes Reihenhaus, die vordere Hälfte eines zweigeschossigen Doppelhauses. Die hintere Hälfte hatten Helmut Schmidts Eltern erworben.

Für Loki Schmidt, die ihren Mann eigentlich erst am nächsten Tag zurückerwartet hatte, wurde dieser Abend des 16. Februar unvergesslich, aber zunächst aus einem ganz anderen Grund; die Nachrichten und auch die Sturmflutwarnung um 21.45 Uhr hatte sie gar nicht verfolgt. Sie hatte DDR-Flüchtlinge zu betreuen – das

Ärzteehepaar Dr. Arnold aus Bernau bei Berlin, das ihr Anfang 1945 so hilfreich zur Seite gestanden hatte, als ihr kleiner Sohn Helmut Walter plötzlich so schwer erkrankte und starb. Den drei inzwischen erwachsenen Töchtern des Ehepaares war nach dem Bau der Mauer die Flucht in den Westen gelungen. Loki Schmidt:

> »Nun sollten auch die beiden Eltern Arnold [...] hierher kommen. Helmut hat ihnen gefälschte Pässe besorgt, und sie sind von Bernau über Rostock oder Wismar – ich weiß es nicht mehr – mit dem Fährschiff irgendwo nach Schweden gefahren und von da aus hierher. Es war eine Angstpartie, Gott weiß wie. Jedenfalls kamen sie am Abend vor der Sturmflut bei uns an. Helmut war dienstlich unterwegs. Die erwachsenen Mädchen waren auch bei uns. Ich hatte also in dem Augenblick mein eigenes Kind, drei weitere Kinder und ein Ehepaar, das von seiner Flucht noch völlig verstört war, im Hause. Später kam Helmut dazu. Ich habe alle Arnolds auf Matratzen untergebracht. Morgens kam dann der Anruf.«[1]

Der Anrufer war der Regierungsdirektor Werner Eilers, Leiter des Amtes für zivilen Bevölkerungsschutz. Er wusste noch nicht, dass zu diesem Zeitpunkt eine verheerende Naturkatastrophe bereits zu Deichbrüchen auf breiter Front geführt, ein Fünftel des hamburgischen Staatsgebietes überflutet und mehr als 300 Menschen in den Tod gerissen hatte. Aber dass dringlichst Rettungs- und Hilfsmaßnahmen im großen Stil eingeleitet und koordiniert werden mussten, um unzählige Menschen aus akuter Lebensgefahr zu bergen, das war ihm klar. Eilers war ein erfahrener, umsichtiger Beamter. Was jetzt zu tun war, und zwar unverzüglich, bedurfte der Leitung durch einen nicht nur fachlich, sondern auch politisch kompetenten Mann, und das konnte nur der Senator sein, auch dessen war er sich bewusst.

Helmut Schmidt traf um 6.40 Uhr im Dienst-Mercedes mit Blaulicht und Martinshorn im Polizeipräsidium am Karl-Muck-Platz ein. Um sieben Uhr begann die erste Einsatzbesprechung, in der es darum ging, zunächst einen Überblick über die Katastrophe der vergangenen Nacht zu gewinnen. Zwar hatten sich die leitenden Beamten der Polizeibehörde, von Polizei und Feuerwehr, des Tiefbauamtes, die Direktoren der Hamburgischen Electricitäts-Werke (HEW), der Hamburger Gaswerke (HGW), der Hochbahn und anderer öffentlicher Unternehmen eingefunden; der Kommandeur der Schutzpolizei, Otto Groth, hatte zudem einen Notfallstab gebildet, den der Polizeisenator sofort übernahm.

Aber was zu dieser frühen Stunde an Informationen vorlag, ergab kein klares Bild. Helmut Schmidt erinnerte sich:

> »Viele Detailnachrichten waren schrecklich. Am schrecklichsten war, dass nur wenige solcher Nachrichten vorlagen, aus denen sich, wenn auch nur in großen Zügen, ein Gesamtbild hätte zusammenfügen lassen. Immer wieder erhielten wir die Antwort: ›Keine Verbindung … meldet sich nicht … Durchkommen unmöglich …‹ Eines wurde allerdings bei diesem Versuch einer Bestandsaufnahme bald klar: Es handelte sich um ein Unglück allergrößten Ausmaßes. Tausende waren in höchster Lebensgefahr.«[2]

Im Polizeipräsidium wurde in dieser Stunde verzweifelter Not gehandelt. Im Hamburger Rathaus, dem imposanten Regierungssitz des Stadtstaates, wurde gesucht. Kurz nachdem an diesem Sonnabendmorgen der Regierungsdirektor Eilers den Polizeisenator Schmidt alarmiert hatte, läutete um 6.30 Uhr auch in der Wohnung des Senatssprechers Erich Lüth, An der Alster 67, das Telefon. Der Anrufer war der Journalist Claus Wernicke. Der Leiter des Landesdienstes Nord der Deutschen Presseagentur (dpa) erkundigte sich, wann der Senat zusammentreten werde. Lüth reagierte zunächst verblüfft, denn er wusste noch nicht, welches Unheil über die Stadt hereingebrochen war. Wernicke informierte ihn über das, was an diesem frühen Morgen in der dpa-Zentrale an gesicherten Informationen vorlag, und das war wenig genug: »Das Wasser läuft schon in den Elbtunnel!«

Der Senatssprecher bestellte sich hastig eine Taxe und fuhr zum Rathaus. Dort traf er auf einen Ratsdiener, der ihn lapidar wissen ließ: »Das Wasser auf dem Rathausmarkt ist wieder weg. Aber der Ratskeller ist abgesoffen. Deshalb der Dampf.« Lüth hat sehr anschaulich beschrieben, welche Situation er im Rathaus vorfand:

> »Den Weg in meine Dienststelle konnte ich nur mühselig finden. Die Diele des Rathauses, das Treppenhaus zum Obergeschoss des Verbindungsflügels zur Börse, in dem meine Diensträume lagen, waren von brodelnden Wasserdämpfen erfüllt. So musste ich den Weg in mein eigenes Zimmer ertasten und konnte nur schrittweise vordringen. Ich öffnete einige falsche Türen und war betroffen, wie sehr meine Maßstäbe für völlig vertraute geringe Entfernungen durch die Nebelsuppe verwirrt waren. In meinem Zimmer angelangt, riss ich sofort die Fenster auf, um den Dampf abziehen zu lassen, dann ging ich über den Korridor in die Räume der Nachrichtenabteilung und machte dort Gegenzug. Ich prüfte meine Telefonleitungen. Sie rauschten. […] Der Gedanke, in einer Kommandostelle von der Monumentalität unseres Rathauses zu stehen, die wegen Wasserdampf und ausgefallener Telefone funktionsunfähig schien, war höchst unerquicklich. Ich ahnte nicht, dass um diese Zeit schon Hunderte von Hamburgern in den Überschwemmungsgebieten ertrunken waren. Die wenigsten ahnten es.«[3]

Wie war es möglich, dass die politische Entscheidungszentrale des Stadtstaates in einer solchen Situation, in der es für viele Menschen um Leben und Tod ging, durch Wasserdampf und ausgefallene Telefone lahmgelegt werden konnte? Die Antwort, die Erich Lüth darauf gegeben hat, offenbarte fundamentale Defizite in der hamburgischen Katastrophenvorsorge:

> »Als es im Rathaus durch Ausfall des elektrischen Stroms keine Beleuchtung mehr gab, fehlte ein Notaggregat. Als ich im dichten Wasserdampf an meinem Schreibtisch Telefonnummern suchte, um wichtige Personen zu alarmieren, fehlte mir die Taschenlampe. Als wir die Telefonzentrale besetzen lassen wollten, waren die Bediensteten zwar bei ihren Kollegen genau bekannt, aber zufällig wusste man von dem entscheidenden Mann nur den Vornamen, der im Telefonbuch unauffindbar blieb.«[4]

Helmut Schmidt beschloss unterdessen, sich an Bord eines Polizeihubschraubers selbst einen Überblick zu verschaffen. Nach einer knappen Stunde traf er wieder im Polizeipräsidium ein. Die überflutete Fläche reichte bis nach Neugraben, wo das junge Ehepaar Schmidt nach dem Kriegsende eine provisorische Bleibe gefunden hatte. Da der Stadtteil Wilhelmsburg mit seinen vielen Kleingartenkolonien deutlich tiefer liegt, musste die Flut besonders dort schwerste Schäden verursacht und viele Opfer gefordert haben. Schon bevor Helmut Schmidt die Leitung des Krisenstabes übernahm, hatte die Polizeiführung versucht, bei der Bundeswehr Schlauchboote und Hubschrauber anzufordern. Um 5.30 Uhr hatte der Offizier vom Standortdienst zurückgerufen und mitgeteilt, sechs Hubschrauber aus Münster seien unterwegs. Eingetroffen waren sie noch nicht.

Kurz vor neun Uhr entschloss Helmut Schmidt sich zu einem dramatischen Hilferuf, der zu einem historischen Dokument wurde:

+++blitz nr. 356, 17.2.62 ++ konteradmiral rogge, kiel, generalmajor müller, hannover ++ senat erbittet dringend verfügungstellung von transportraum, schlauchbooten und sturmbooten zur rettung von mehreren tausend menschen, die sich auf dächern in äußerster lebensgefahr befinden ++ polizeibehörde hamburg, schmidt, präses +++

Um 9.09 Uhr wurde dieses Blitzfernschreiben abgesetzt. Der Konteradmiral Bernhard Rogge, Sohn eines Oberdeichgrafen, und Generalmajor Klaus Müller handelten sofort. Schmidt griff unterdessen zum Telefon:

> »Ich kannte die obere Generalität. Als ich anrief, dachten einige, ich sei verrückt geworden, denn zu einem sagte ich: ›Ich brauche 200 Hubschrauber.‹ […] Mein Zentralerlebnis war eigentlich, dass es an jeder Ecke, ob bei den Amerikanern, bei den Engländern, den Dänen, bei der Bundeswehr, der Wirtschaft, der Polizei, der Feuerwehr, dem Technischen Hilfswerk, wo immer man Hilfe brauchte und den Leuten konkret sagte, was sie tun sollten, dass es absolute Solidarität gab. Ich habe nie wieder in Hamburg so viel Solidarität erlebt.«[5]

Zu dieser Solidarität gehörte, dass Nato-Oberbefehlshaber Lauris Norstad den dramatischen Hilferuf, der ihn erreichte, richtig einzuschätzen wusste. Auch er handelte, als Helmut Schmidt ihn anrief und um die sofortige Bereitstellung von hundert Nato-Hubschraubern ersuchte. Norstad, ein amerikanischer Viersternegeneral, kannte Schmidt. Er wusste, das ist kein Phantast.

Um elf Uhr begann die Sondersitzung des Senats. Wegen der ausgefallenen Telefonleitungen hatte man die Senatsmitglieder und Senatssyndici, die heutigen Staatsräte, durch Rundfunkdurchsagen und Telefonanrufe aus der Eilbeker Wohnung einer Mitarbeiterin des Personalamtes benachrichtigt. Improvisation war das Gebot der Stunde. Bürgermeister Paul Nevermann hatte seine Kur in Hofgastein abgebrochen und war auf dem Weg in seine Stadt.

Helmut Schmidt hat die gespenstische Stimmung dieser Senatssitzung beschrieben: »Die Ratsstube lag im fahlen Dämmerschein des Oberlichtes, der Strom war ausgefallen. Ich musste daran denken, dass ich erst vor neun Wochen, unmittelbar nach dem Eid auf die Verfassung vor der Bürgerschaft, zum ersten Mal an diesem Hufeisentisch Platz genommen hatte. Jetzt saß ich hier im Mantel wie meine fröstelnden Kollegen und bekam ganz außerordentliche Vollmachten.«[6] Es war ein düsteres Szenario, mit dem der Polizeisenator seine Senatskollegen konfrontierte: Man müsse mit mindestens tausend Toten rechnen und befinde sich in einem erbarmungslosen Wettlauf um Leben und Tod. Das war keine Übertreibung, sondern eine beklemmend realistische Beschreibung der tatsächlichen Lage.

Irgendwann an diesem dramatischen Vormittag fiel Helmut Schmidt ein, dass er ja noch seine Frau anrufen wollte. Loki Schmidt:

> »Helmut hat mich, als er in der Behörde war und merkte, was los war, angerufen und gesagt: ›Du musst den Neubergerweg entlanggehen, bei den Leuten klingeln und sagen, dass sie auf jeden Fall das Wasser abkochen müssen. Ich weiß nicht, ob die Wasserversorgung funktioniert, ob irgendwo Rohre gebrochen sind.‹ […] Das war ja in der Zeit, als diese Siedlung noch ziemlich neu war, und es waren viele kleine Kinder und Säuglinge hier. Ich bin also los bei Sturm, erst auf dieser Seite des Neubergerwegs, von Tür zu Tür: ›Wasser abkochen!‹ […] Und als ich den Neubergerweg ungefähr bis zur U-Bahn war, kam jemand von der anderen Straßenseite und sagte: ›Frau Schmidt, jetzt gehen Sie mal nach Hause und ruhen sich aus.‹ Der hat dann weitergemacht.«[7]

Helmut Schmidt wuchs an diesem Tag über sich hinaus. Er organisierte, drängte und trieb an, und er befahl auch da, wo er eigentlich nichts zu befehlen hatte. Er kümmerte sich nicht um die Geschäftsordnung des Senats, nicht um die Hamburger Verfassung, nicht um das Grundgesetz. Die Bundeswehr und sogar ausländische Einheiten unterstellten sich nicht formell, aber faktisch dem Hamburger Polizeisenator. Es war ein übergesetzlicher Notstand. Der Einsatz all dieser Kräfte sorgte dafür, dass die Menschen von den Hausdächern, den Bäumen und den Deichkronen geholt wurden, auf denen sie Zuflucht vor den Wassermassen gesucht hatten. Das gelang nur, weil die Bundeswehr und mehrere Nato-Partner rund hundert Hubschrauber zur Verfügung stellten und sie auch zum Einsatz freigaben, obwohl die Windgeschwindigkeiten das eigentlich nach den Vorschriften nicht zuließen. Mehr als 1100 Menschen konnten so innerhalb kurzer Zeit aus höchster Lebensgefahr gerettet werden.

Mit einem der Hubschrauber flog Schmidt am Nachmittag des 17. Februar erneut das überflutete Gebiet ab: »Der Hubschrauber flog mit ausgehängten Türen, und ich hatte ganz schön Angst. Mein Eindruck war schrecklich; ich war überzeugt, dass Zehntausende in Lebensgefahr waren.«[8]

Angetrieben von dieser Befürchtung, stampfte der Hamburger Polizeisenator einen Rettungs- und Bergungsapparat von schließlich 40 000 Mann aus dem Boden: Polizei und Feuerwehr, Bundesgrenzschutz und Technisches Hilfswerk, Bereitschaftspolizei aus mehreren Bundesländern, Rotes Kreuz, zivile Hilfsorganisationen, Pioniere und Hubschrauberbesatzungen der Bundeswehr, der amerikanischen, britischen und niederländischen Streitkräfte. Und, nicht zu vergessen: Tausende von zivilen Helfern beteiligten sich. Sie waren einfach da und packten an, wo sie gebraucht wurden. Diese überwältigende selbstverständliche Hilfsbereitschaft war sicher eine der eindrucksvollsten Erfahrungen dieser tumultuarischen Tage und Nächte.

Natürlich bedurfte diese riesige Organisation einer straffen Führung. Schmidt bildete einen Katastrophendienststab, den er selbst leitete. Dieser Stab dirigierte vier regionale und acht fachliche Leitungen für die drängenden Probleme, die nun zu lösen waren: Einsatz der Rettungskräfte zur Bergung der Menschen aus Lebensgefahr, dann die Evakuierung und Versorgung der von der Flut betroffenen Einwohner, Notunterkünfte, Verpflegung, Trinkwasser, Medikamente, Bekleidung. Und natürlich die Bergung und Identifizierung der Opfer – die bitterste Aufgabe dieser Katastrophe. Es waren vor allem deutsche und dänische Froschmänner, die die Toten aus den Schrebergartensiedlungen holten.

Am Sonntagmorgen trat der Senat erneut zusammen, nun unter der Leitung des in der Nacht um 2.30 Uhr in Fuhlsbüttel gelandeten Ersten Bürgermeisters Dr. Paul Nevermann. Auf Antrag des Polizeisenators wurde Sozialsenator Ernst Weiß sofort als Senatskommissar mit unbeschränkten Vollmachten in das Katastrophengebiet entsandt.

Der dreiundvierzigjährige Bundeswehr-Hauptmann der Reserve Helmut Schmidt war nach Lebens- und Dienstalter das jüngste Mitglied des Senats. Tatsächlich aber war er ganz unabhängig von den ihm erteilten Vollmachten die anordnende und vollziehende Gewalt in der Stadt. Alles hörte auf sein Kommando. Es war die normative Kraft des Faktischen, die hier zu besichtigen war. Der Bürgermeister erlebte in einer Lagebesprechung des Katastrophendienststabes mit, wie sein Polizeisenator sich nicht im Geringsten um Paragrafen und Zuständigkeiten scherte und so entschied, wie die Lage es verlangte. Halb scherzhaft, aber durchaus mit ernstem Unterton stellte der Regierungschef fest: »Aber das allerletzte Wort hat nach der hamburgischen Verfassung noch immer der Senat, nicht wahr, Herr Schmidt?« Der Polizeisenator überspielte diese mahnende Bemerkung mit Gelächter. Kühl und konzentriert, forsch und furchtlos trieb er den gewaltigen Rettungsapparat an, manchmal bissig, mal behutsam, nie bürokratisch. Hier ein Dialog als kleines Stimmungsbild. Der Polizeisenator nach einem erneuten Rundflug:

> »Ich bin mit dem Hubschrauber mitten im Katastrophengebiet gelandet, in Neuenfelde. Da stand ein einsamer Polizeiposten, der war seit Tagen nicht abgelöst worden und am Ende seiner Kräfte. Der fiel mir beinahe um den Hals, als er hörte, ich sei der Senator. [...] Wie ist das möglich, Herr Buhl?« [Dr. Walter Buhl, Polizeipräsident, d. Verf.] – »Wir werden das prüfen, Herr Senator.« – »Nein, Herr Buhl, Sie werden das nicht prüfen. Sie werden den Mann ablösen, und zwar durch mehrere Leute. Und wenn Sie nicht genug Leute haben, schickt Herr Oberst Messerer Ihnen sicher gerne ein paar Feldjäger, nicht wahr, Herr Messerer?«[9]

Feldjäger sind die Militärpolizisten der Bundeswehr. Die Frage, ob sich deren Einsatz bei einem inneren Notstand wie gegeben mit der Wehrverfassung des Grundgesetzes in Einklang bringen ließ, war Helmut Schmidt ziemlich egal. Ihn interessierten nicht Paragrafen, sondern praktische Maßnahmen. Er stellte seine Vaterstadt in diesen dramatischen Tagen wieder auf die Füße.

Das Medienecho war überwältigend, und die Journalisten hatten Verständnis dafür, dass er ihnen bei den Pressekonferenzen nach den Lagebesprechungen kurz und bündig erklärte: »Ich bitte, nur intelligente Fragen zu stellen.«[10]

In der Polizeibehörde gingen die zuständigen Beamten unterdessen daran, für ihren Senator den Ablauf der Katastrophe zu rekonstruieren. Daraus ergab sich: Ausgelöst wurde das Verhängnis durch das Sturmtief »Vincinette«, das vom südlichen Polarmeer in Richtung Nordsee zog. Am Donnerstag, dem 15. Februar, wurde um 21 Uhr über »Norddeich Radio« erstmals eine Sturmwarnung für die deutsche Nordseeküste gesendet. Am 16. Februar wurden in den Seegebieten der nördlichen Nordsee Windgeschwindigkeiten festgestellt, die von den damaligen Windmessgeräten nicht mehr erfasst werden konnten. Um 8.55 Uhr gab das Deutsche Hydrographische Institut eine Sturmflutwarnung heraus und kündigte Wasserstände von 3,70 Meter über Normalnull an. Um elf Uhr vormittags strahlte der NDR diese Sturmflutwarnung aus, um 13.05 Uhr folgte eine zweite Warnung vor einer in der Nacht zu erwartenden sehr schweren Sturmflut mit Wasserständen bis 2,50 Meter über dem mittleren Tidehochwasser. Die Nordseeküste wurde zu diesem Zeitpunkt bereits von einer Sturmflut heimgesucht. Die nächste Sturmflutwarnung des NDR ging um 20.33 Uhr über den Sender.

Zu diesem Zeitpunkt trieb der immer stärker werdende Nordweststurm mit Windgeschwindigkeiten von 150 Stundenkilometern und mehr die riesige Flutwelle in die Elbmündung hinein. Viele Pegel fielen aus. Um 21.45 Uhr wurde über den NDR erneut vor einer sehr schweren Sturmflut mit einer Erhöhung des Nachthochwassers um 3 bis 3,50 Meter gewarnt. Auch die »Tagesschau« der ARD strahlte diese Warnung aus, die um 22.35 Uhr von der ARD wiederholt wurde, allerdings ohne den Hinweis auf eine spezielle Gefahrensituation in Hamburg.

Verhängnisvoll war, dass die meisten Hamburger, die von diesen Warnungen erreicht wurden, daraus für sich keine Gefährdung herleiteten und glaubten, sie seien in Sicherheit. Um 23 Uhr alarmierte die Baubehörde die Deichverteidigung. Um Mitternacht wurde der Westerdeich auf Finkenwerder überflutet, kurz darauf der Neue Deich in Neuenfelde. Nun brachen die Deiche im Abstand von Minuten: Altenwerder, Francop, Neuhof, Cranz, Wilhelmsburg, Stillhorn, Moorburg, Moorfleet usw. Eine halbe Stunde nach Mitternacht waren die Deiche bereits an fünfzig Stellen gebrochen.

Um 0.40 Uhr überflutete die Elbe am Wilhelmsburger Spreehafen die tiefer gelegenen Schrebergartenkolonien mit ihren zahllosen Behelfsheimen. Um ein Uhr waren die Elektrizitätswerke in Wedel, Schulau, Harburg und Neuhof überflutet, um 2.05 Uhr wurde ein

Wassereinbruch im Elbtunnel gemeldet. Der Alte Wall stand unter Wasser, ebenso der Rathausmarkt. Im überfluteten Rathauskeller wurde die Fernheizung außer Betrieb gesetzt.

Seit 2.30 Uhr war der Süden der Hansestadt abgeschnitten, 100 000 Menschen waren von den Wassermassen eingeschlossen. Um 3.07 Uhr wurde mit 5,78 Meter über Normalnull am Pegel St. Pauli der höchste Wasserstand dieser Katastrophennacht gemessen. Elbwasser floss in die Binnenalster. Vor allem in den Wilhelmsburger Kleingartenkolonien spielten sich Dramen ab, wie Hamburg sie nur in den Bombennächten des Sommers 1943 erlebt hat.

Am Mittwoch, dem 21. Februar, trat die Bürgerschaft zu einer Sondersitzung zusammen. Parlamentspräsident Herbert Dau (SPD) bekundete bestürzt die Fassungslosigkeit, mit der die ganze Stadt vor dieser Katastrophe stand, und bat die Abgeordneten um eine Schweigeminute für die Opfer. Dann trat Helmut Schmidt an das Rednerpult. Es war sein erster und zugleich sein schwerster Auftritt im neuen Amt. Er erstattete dem Haus einen knappen und eindrucksvollen Bericht:

> »Herr Präsident, meine Damen und Herren! Die Katastrophe, die wir erlebt haben, hat ein Ausmaß erreicht, wie wir es seit dem Hamburger Brand nur im Zweiten Weltkriege erlebt haben. Die Sturmflut von Freitag auf Sonnabend hat nach Mitteilung des Hydrographischen Instituts alle jemals in Hamburg gemessenen Sturmfluten übertroffen einschließlich derjenigen von 1825, die seither als die schwerste gegolten hatte. Es sind zur Stunde 259 Tote geborgen. Davon sind 204 Personen identifiziert. Ich zweifle nicht, dass die Zahl der geborgenen Toten noch steigen wird. In den Krankenhäusern und im Gesamtbereich der Gesundheitsbehörde waren gestern Nachmittag 443 Personen eingeliefert. In 50 Lagern und Auffangstellen, vornehmlich im Bereich der Sozialbehörde, zum Teil des Deutschen Roten

Kreuzes, waren gestern Nachmittag 11 571 evakuierte Personen anwesend. Privat untergekommen, soweit wir es bisher übersehen können, sind 5880 Evakuierte. Insgesamt ist es also, soweit es im Augenblick überschaubar ist, eine Zahl von 17 894 Personen, die am Leben geblieben sind und die aus ihren Wohnungen haben weichen müssen. 20 Prozent des hamburgischen Staatsgebietes sind unter Wasser gewesen.«

Schmidt dankte der Bundeswehr, die mit Hubschraubern und Sturmbooten mehr als tausend Menschen aus höchster Lebensgefahr gerettet, die zahlreiche Einwohner evakuiert und im großen Stil Hilfsgüter in das Katastrophengebiet transportiert hatte. Die Folge war, dass die Bundeswehr in der Öffentlichkeit deutlich positiver wahrgenommen wurde. Helmut Schmidt sprach damals von einem »Durchbruch«, und das zu Recht. Seine eigene Leistung rückte er eher in den Hintergrund, denn er bedauerte, dass »unvermeidlicherweise im Spiegelbild der Presse, des Rundfunks und des Fernsehens die Person des Leiters des Katastrophendienststabes besonders im Vordergrund zu stehen schien. Tatsächlich haben die Präsides und die Spitzenbeamten aller hamburgischen Behörden und der Bundesbehörden einschließlich Bahn und Post in hervorragender Weise ihre Aufgaben angepackt und sich eingeordnet.«[11]

Insgesamt 310 Flutopfer wurden auf hamburgischem Gebiet geborgen. Ihr Leben verloren haben ferner zwei Bundeswehrsoldaten, ein Mitarbeiter des Ortsamtes Süderelbe, ein Angehöriger des Technischen Hilfswerkes und der Leiter der Gruppe Moorburg des Deutschen Roten Kreuzes. Die Opfer des Unglücks wurden zunächst in einer Kraftfahrzeughalle der Polizei in Altona, dann in einem großen Zelt auf der Kunsteisbahn in »Planten un Blomen« zur Identifizierung durch die Angehörigen aufgebahrt. Mit einer Trauerfeier am 26. Februar auf dem Rathausmarkt, zu der 150 000 Menschen kamen, nahm die Stadt einen tief bewegenden Abschied.

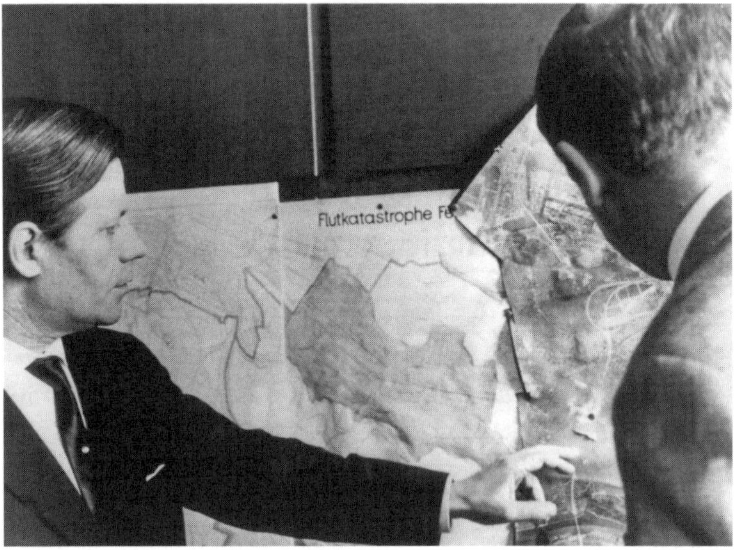

Als Leiter des Katastrophendienststabes koordiniert Helmut Schmidt während der Sturmflut alle Rettungsmaßnahmen.

In den rund einhundert Stunden seit dem Anruf des Regierungsdirektors Eilers am Neubergerweg war aus dem Polizeisenator Schmidt der »Herr der Flut« geworden, so das Nachrichtenmagazin »Der Spiegel«. Es hatte sich gezeigt, dass dieser Mann mehr war als »Schmidt-Schnauze«, der brillante Debattenredner im Deutschen Bundestag. In das öffentliche Bewusstsein trat ein Politiker mit Organisationstalent, eisernen Nerven und Durchsetzungsstärke. Ehefrau Loki fand dafür ein einfaches Wort: »Mumm« habe er gezeigt.

Weit über Hamburg und auch weit über die Bundesrepublik hinaus hinterließ Schmidts Leistung einen tiefen, bis heute nachwirkenden Eindruck. Aus dem fernen Afrika, dem Urwaldhospital Lambarene, schrieb ihm der Theologe, Arzt und Philosoph Albert Schweitzer (1875 – 1965): »Erlauben Sie mir altem Mann, Ihnen meine Hochachtung auszudrücken. Innerlich habe ich das ›Lied vom braven Mann‹,

Der Polizeisenator dankt Bundeswehrsoldaten für ihre Hilfe während der Sturmflut.

in dem es sich ja auch von einer Tat in der Wassersnot handelt, Ihnen zu Ehren hergesagt.« Die zwanzig Strophen des berühmten Gedichts von Gottfried August Bürger legte er seinem Brief an Schmidt bei.

Albert Schweitzer schrieb ihm aus ehrlicher Bewunderung. Andere Briefe, vor allem die politischer Weggefährten, enthielten zugleich auch einen kräftigen Schuss Kalkül. Willy Brandt: »Du weißt selbst, dass diese große Bewährungsprobe für Dich und für uns alle viel bedeutet. Sie legt allerdings auch zusätzliche Lasten auf Deine Schultern.« Und Herbert Wehner, dessen angestammter Wahlkreis im Katastrophengebiet lag, zollte ihm Bewunderung und warnte ihn zugleich: »Du warst großartig. Jetzt wirst Du großzügig sein müssen. […] Es werden nun noch viele und darunter manche bösartigen Nachgefechte kommen. Du wirst sie bestehen […], wenn Du Maß hältst.«

Helmut Schmidt bedurfte einer solchen Mahnung nicht. Natürlich war ihm bewusst, dass sein politisches Gewicht immens gestiegen war. Aber für ihn war dies das Ergebnis seines Pflichtgefühls, nicht seiner Eitelkeit. Er zog sehr nüchterne Lehren aus den dramatischen Tagen, die er gemeistert hatte. Für ihn war das »eine mittlere Katastrophe [...], in der der Feind sich nach wenigen Stunden zurückzog und auch nicht wiederkam«. Er war sicher: »Das kann alles viel schrecklicher kommen, als wir es im Februar in Hamburg erlebt haben.«[12]

Zehn Tage nach der Katastrophe, am 27. Februar 1962, berief der Senat auf sein Betreiben eine Kommission unter der Leitung des Industriellen Otto A. Friedrich, die die Defizite in der Katastrophenabwehr untersuchen und Vorschläge für neue Strukturen erarbeiten sollte. Und drei Wochen nach der Sturmflut legte der Senat dem Parlament einen Gesetzentwurf für die neue Innenbehörde vor. Für Helmut Schmidt waren das alles Schritte in die richtige Richtung. Aber sie genügten ihm nicht. Innerhalb weniger Stunden hatten die rund hundert eingesetzten Hubschrauber auf dem Höhepunkt der Katastrophe mehr als 1100 Menschen aus höchster Gefahr gerettet. Also betrieb der erste Präses der neuen Behörde für Inneres die Ausrüstung der Polizei mit Hubschraubern. Er musste mühselige Überzeugungsarbeit leisten, im Senat, im Parlament, in der Öffentlichkeit. Ihn erinnerte manches dabei an die realitätsfremde, langwierige Bedenkenträgerei, mit der die Stadtväter nach dem Großen Brand von 1842 hin und her erwogen, ob Hamburg vielleicht eine Berufsfeuerwehr brauche. Nicht drei Monate oder drei Jahre, sondern drei Jahrzehnte vergingen, bis sie 1872 eingeführt wurde.

Anmerkungen

1 Loki, S. 117.

2 Helmut Schmidt in der »Welt am Sonntag«, 17. Februar 1963.

3 Erich Lüth: Viel Steine lagen am Weg, Hamburg 1966, S. 328 ff.

4 Ebd.

5 Helmut Schmidt in »Die Welt«, 13. Februar 2002.

6 Helmut Schmidt in der »Welt am Sonntag«, 17. Februar 1963.

7 Loki Schmidt / Reiner Lehberger: Auf einen Kaffee mit Loki Schmidt, Hamburg 2010, S. 120 ff.

8 Helmut Schmidt in einem Interview des NDR, 17. Februar 1963.

9 Eigene Aufzeichnung des Autors, Februar 1962.

10 Eigene Aufzeichnung des Autors, 20. Februar 1962.

11 Protokoll der Sitzung der Hamburger Bürgerschaft vom 21. Februar 1962, S. 100.

12 In einem Vortrag vor der Handelskammer Hamburg am 11. Juli 1962.

»Denn sie schläft, meine Schöne, sie träumt«

Eine nicht ganz einfache Liebeserklärung an Hamburg

Einige Monate nach der Flutkatastrophe, am 28. Juli 1962, erschien im Hamburger Lokalteil der »Welt« ein berühmt gewordener Artikel mit drei Sternen in der Autorenzeile, also anonym: ein »Brief an Hamburger Freunde«. Helmut Schmidt enthüllte erst 1965, dass er der Verfasser dieser zärtlich-melancholischen Liebeserklärung an seine Vaterstadt Hamburg war, gewiss eine der schönsten, die jemals geschrieben wurden.

Dieser Artikel wird noch heute, ein halbes Jahrhundert später, in der öffentlichen Debatte zitiert, er hat eine beispiellos nachhaltige Wirkung entfaltet. Die Erfahrungen und Erkenntnisse, die Helmut Schmidt während und nach der Flutkatastrophe gesammelt hat, haben diese Aussagen sicherlich beeinflusst.[1]

> »Wenn ich nicht Berliner wäre, so würde ich gerne für immer in Hamburg bleiben wollen, vielleicht auch in München – aber wo sonst in Deutschland? In Frankfurt verdienen sie zu viel Geld, in Düsseldorf zeigen sie es außerdem noch, in Stuttgart sind sie mir zu eifrig und in Neu-Bonn zu aufgeblasen. Es bleibt Hamburg, diese großartige Synthese einer Stadt aus Atlantic und Alster, aus Buddenbrooks und Bebel, aus Leben und Lebenlassen. Ich liebe diese Stadt mit ihren kaum verhüllten Anglizismen in Form und Gebärden, mit ihrem zeremoniellen Traditionsstolz, ihrem kaufmännischen Pragmatismus und ihrer zugleich liebenswerten Provinzialität.
>
> Aber ich liebe sie mit Wehmut, denn sie schläft, meine Schöne, sie träumt; sie ist eitel mit ihren Tugenden, ohne sie recht zu

nutzen; sie genießt den heutigen Tag und scheint den morgigen für selbstverständlich zu halten – sie sonnt sich ein wenig zu selbstgefällig und lässt den lieben Gott einen guten Mann sein. ›Hamburg – das ist unser Wille, zu sein‹, so schrieb ein Sohn dieser Stadt. [Wolfgang Borchert, d. Verf.]

Aber ist Hamburg wirklich der Wille zu sein? Die Hanseaten scheinen müde geworden. Albert Ballin, Sloman, Laeisz: Wer sind ihre Nachfolger? Zwar ist immer noch ganz Hamburg stolz auf seine Schiffe; die aus Eimsbüttel genauso wie die von der Elbchaussee, Sozialdemokraten und Konservative gleichermaßen. Aber in Wahrheit neigt sich die große Zeit des Primats von Hafen und Überseehandel. Die Hamburger starren auf die Häfen von Rotterdam und Bremen – aber sie lassen es geschehen. Nicht, dass sie nicht fleißig genug wären. Aber sie sind zu vornehm. […] Sie streiten nicht gern und überlassen den Bonnern das Feld. Wer eigentlich wäre eher legitimiert, der deutschen Außenwirtschaftspolitik Ziel und Richtung zu weisen, wer hätte größeren Sachverstand, um der Entwicklungshilfe zu raten, wer kennte die Sorgen Englands und Skandinaviens besser, wenn es um das Zusammenspiel dieser Länder mit der europäischen Gemeinschaft geht, Länder, die seit Jahrhunderten Hamburgs Nachbarn und Partner waren und sind?

Leider jedoch fassen die Hamburger ihre Mitwirkung an der deutschen Politik als Pflichtübung auf. Ein Hamburger Bankier, vom Kanzler zum Gespräch über die Währung gebeten, wird zwar hingehen, aber innerlich wird er mit den Achseln zucken: Was für einen Zweck habe das schon? Und die politischen Führer der Stadt haben sich ihre Bonner Pflichten bequem gemacht: Sie haben sich dort einen Botschafter bestellt, sogar mit einem Senator-Titel. Sie selbst aber kümmern sich nicht um Bonn. […] Der Bürgermeister begnügt sich damit, allseits geachteter Stadtvater zu bleiben. […] Das Gewicht Hamburgs fehlt in Bonn. […] es fehlt auch innerhalb der SPD.

Bonn als deutsche Hauptstadt war ein trauriger Witz, aber eine Realität. Bonn prägt Deutschland seit Generationen. Der Klüngel von Rhein und Ruhr macht sich breit in Deutschland. Berlin ist gelähmt, und Hamburg schweigt.

Hamburg, Vorort der geistigen Freiheit, des Liberalismus im weitesten Sinne, das selbst eifrige Nazis wie Kaufmann und eifrige Kommunisten wie Dettmann[2] durch seine Atmosphäre erzog und prägte. Hamburg, Freistätte für Katholiken und Juden, für Religiöse und Freidenker, eine politische Landschaft, der die Pflanze Demokratie nicht aufgepfropft werden musste, weil sie doch dort schon heimisch war. Hamburg ist dabei, seine deutsche Aufgabe zu verpassen.

Es ist nicht getan mit Gründgens und Strawinsky, mit den neuen Schulen, Jugendheimen, den neuen Häusern für die Universität und mit der internationalen Gartenbauausstellung. Es ist nicht getan mit dem weitgetriebenen Versuch zum Grünflächenidyll in jedem Stadtteil, mit neuen U-Bahn-Strecken, mit Stadtautobahn und neuer City am Stadtpark. Zwar ist dies alles gut, es ist sogar auch viel. Aber es ist weniger, als zu ihrer Zeit Lichtwark und Höger und Schumacher[3] bewirkt haben. Es ist weniger als das großartige Vorbild der hamburgischen Schule in den ersten Jahrzehnten dieses Jahrhunderts. Es mag genug sein für die Stadt Hamburg – es ist zu wenig für das Land, zu dem wir alle gehören. Diese Stadt beherbergt ein unglaubliches Reservoir an weltweiter Erfahrung, an geistigem Potential, an realistischer Fähigkeit zur Kalkulation, an Toleranz und Prinzipientreue, an Weitblick und Wagemut. Verehrte Hamburger Gastgeber, liebe Freunde: Wisst Ihr eigentlich, was Ihr alles in Euren Händen haltet? Macht Gebrauch von diesem Kapital, wuchert mit Eurem Pfunde, macht Eure Schulen wieder zu bewunderten Beispielen, lasst Euren Schulkindern tolerante Demokratie eine alltägliche Selbstverständlichkeit sein. Macht Eure Universität zu einer Akademie, an der es selbstverständlich ist, die Fragen nicht nur unserer Geschichte, sondern auch unsere politische Gegenwart und Zukunft anzugehen, an der nicht nur die Sprachen Asiens und Afrikas, sondern auch ebenso die Sorgen und Nöte dieser Kontinente studiert werden, an der man nicht nur Juristen und Betriebswirte, Lehrer und Ärzte produziert, sondern zugleich Menschen mit dem Blick auf die Welt jenseits des Rheins und der Oder und Neiße, mit einem Wort: Hanseaten. Macht Eure Kirche fähig, Kirche des 20. Jahrhunderts zu werden, eine Kirche nämlich, die den Menschen gibt, statt sie zu bevormunden. Lasst Euren Senat mehr sein als treusorgendes Stadtregiment. Lasst ihn sich verantwortlich wissen genauso für deutsches Schicksal insgesamt wie für das des Stadtstaates. Macht Euer Landesparlament und Eure Parteien fähig zu erkennen, dass Teilbebauungspläne für Billstedt und Winterhude kommunalpolitische Selbstverständlichkeiten sind, dass aber die eigentlichen politischen Aufgaben dieser Stadt bis nach Helsinki oder Warschau, nach Djakarta oder Buenos Aires reichen, nach London, Washington und Moskau. Begreift, dass Hamburgs diskreter Wohlstand, seine reservierte Anständigkeit und seine faire soziale Ordnung allein nicht ausreichen, um dem Maßstab gerecht zu werden, den die Geschichte des 20. Jahrhunderts an alle Deutschen anlegen wird. Die Aufgaben der Zeit innerhalb Eurer Stadt für Eure eigenen Bürger zu lösen ist nicht leicht. Ihr zeigt täglich, dass Ihr es könnt. Aber Ihr könntet mehr. Die Aufgaben dieser Zeit, die für das ganze deutsche Volk gelöst werden müssen, brauchen Eure Kräfte stärker, als Ihr es ahnt. Ich will Euch nicht schmeicheln und Euch auch keinen Grund zur Eitelkeit geben. Ihr seid ohnehin ein wenig zu stolz. Ihr sollt auch aus Hamburg kein

Missionszentrum machen, Ihr seid ohnehin in Gefahr, Pöseldorf für den Nabel zu halten. Ich will Euch nur bitten, nüchternen Sinnes das Spiegelbild zu prüfen, das ein Quiddje Euch hier vorhält. Sofern nur ein weniges darin für richtig befunden werden sollte; es wäre wohl noch nicht zu spät. Hanseatentum muss nicht eine Sache vergangener Zeiten und deshalb bloß des Lesebuches sein – Hanseaten werden gegenwärtig in der deutschen Politik dringend gebraucht.«

Man muss diesen Text, der hier leicht gekürzt wiedergegeben wird, genau lesen, um zu verstehen, was sich dahinter verbirgt. Gewiss, dies ist eine Liebeserklärung an die Vaterstadt, sicher sehr aufrichtig gemeint. Aber der 43-jährige Innensenator des Jahres 1962, ein Mann voller Tatendrang, der gerade in den Tagen und Nächten der Flut die ganze Rückständigkeit in der Katastrophenabwehr der Hansestadt erlebt hatte, als es galt, einer Krise »in den Rachen zu greifen«, dieser dynamische Politiker wollte mit dem »Brief an Hamburger Freunde« keinesfalls nur milde mahnen, dass etwas geschehen müsse. Es ging ihm in Wahrheit um eine Kampfansage an überholtes Denken, überholte Strukturen, überholte Prioritäten. Und, wie sich bald zeigen sollte, auch um einen Machtanspruch.

Er selbst ist der beste Kronzeuge dafür, in seinem Erinnerungsbuch »Weggefährten«, 1996 erschienen, schreibt er:

»Als ich anfangs der sechziger Jahre hamburgischer Senator geworden war, hatte ich vorher schon erkennen müssen, dass die meisten der tonangebenden Unternehmer und Politiker meiner Vaterstadt das Ende des Primats von Hafen und Überseehandel noch nicht begriffen hatten oder nicht begreifen wollten. Ich schrieb ihnen im Sommer 1962 in der ›Welt‹ einen offenen Brief, forderte sie zur Einsicht auf, zum unternehmerischen und politischen Handeln, und provozierte sie, indem ich die Liebe zu unserer Vaterstadt mit Wehmut garnierte und der Stadt eitle Tugendhaftigkeit und schläfrige Selbstgefälligkeit vorwarf.«[4]

Natürlich beließ er es nicht bei diesem Vorwurf. Helmut Schmidt war als Vorsitzender des SPD-Kreises Nord die Schlüsselfigur der in diesem Kreis politisch beheimateten »Modernisierer« in der Hamburger SPD. Das waren junge Sozialdemokraten (manche wurden später in hohe Regierungsämter berufen, wie Hans Apel im Bund und Helmuth Kern in Hamburg), die nach neuen politischen und wirtschaftlichen Wegen für die Zukunft der Stadt suchten und die Sackgasse, in die ein »Weiter so« nach ihrer Meinung sicher führen musste, entschlossen verhindern wollten.

Sie waren auch unzufrieden mit der Haushaltspolitik des Finanzsenators Herbert Weichmann, der nach ihrer Auffassung zu wenig Mittel für die Zukunftssicherung der Hansestadt bereitstellte. Helmuth Kern erinnerte sich:

»Uns beunruhigte damals, dass die Stadt erkennbar vor großen Herausforderungen stand, bei deren Bewältigung Herbert Weichmann als Finanzsenator nach unserem Eindruck eher bremsend als unterstützend wirkte – als ob es sein eigenes Geld war, das er hüten müsse. Es ging vor allem um die Umrüstung des Hafens auf das Container-Zeitalter, es ging um die geburtenstarken Jahrgänge, und es ging um den Ausbau der Universität. Wir jüngeren Abgeordneten waren damals fest entschlossen, nach einem anderen, flexibleren Finanzsenator Ausschau zu halten.«[5]

Die »Modernisierer« sahen die Zukunftsprobleme des Stadtstaates immer in dem größeren Rahmen der gesamten Wirtschaftsregion Hamburg, nicht in der Beschränkung auf die Grenzen der Hansestadt, und deshalb waren sie bestrebt, vor allem die SPD des Nachbarlandes Schleswig-Holstein an ihren Diskussionen zu beteiligen. So kam es im Mai 1962 zu einer Arbeitstagung des SPD-Kreises Nord in Kiel, auf der Helmut Schmidt für diese Wirtschaftsregion eine gemeinsame Wirtschafts-, Verkehrs- und Finanzpolitik forderte, und dazu eine Regionalpolitik der damaligen Europäischen Wirtschaftsgemeinschaft (EWG), der 1957 durch die Römischen Verträge gegründeten Vorläuferin der EU, die das entsprechend begleiten und unterstützen sollte. Ganz im Sinne seines »Briefes« verlangte Schmidt in diesem Zusammenhang eine »moderne Renaissance des alten Hanseatengeistes und seine[r] Solidarität«.[6]

Hartgesottener Realist, der er inzwischen war, hatte er keinen Zweifel daran, dass eine solche Politik mit den bestehenden Macht- und Regierungsstrukturen in der Hansestadt nicht durchzusetzen war, und so befasste er sich zugleich mit Plänen für eine Senatsumbildung, um so das personelle Widerlager für den Kurs zu schaffen, den er für dringend notwendig hielt. Er selbst wollte demnach Wirtschaftssenator werden, allerdings erst, nachdem der Aufbau der neuen Behörde für Inneres abgeschlossen war. Der SPD-Abgeordnete Oswald Paulig sollte Bausenator werden, und sein Fraktionskollege Helmuth Kern war als Senator für Hafen, Schifffahrt und Verkehr vorgesehen. Beide gehörten zu den »Modernisierern«.

Die FDP hätte also die Wirtschaftsbehörde abgeben müssen, was zweifellos zu einem Konflikt mit den Liberalen geführt hätte, dessen Wellenschlag auch bundespolitisch spürbar gewesen wäre. Eine solche Auseinandersetzung wollten Helmut Schmidt und seine Freunde zu diesem Zeitpunkt nicht heraufbeschwören, denn inzwischen hatte die innenpolitische Krise um die »Spiegel«-Affäre gezeigt, dass die Freien Demokraten ein möglicher Bündnispartner der SPD im Bund werden konnten und daher entsprechend pfleglich zu behandeln waren.

Die Pläne, die Helmut Schmidt und seine Gesinnungsfreunde schmiedeten, eine Senatsumbildung eingeschlossen, tangierten sachlich und personell den Kern der Senatspolitik, und das bedeutete: Sie zielten auf den Ersten Bürgermeister Dr. Paul Nevermann, dessen Amtsführung Helmut Schmidt zunehmend kritischer sah. Wie problematisch das Verhältnis des Senatschefs zu seinem Innensenator war, hatte sich schon während und nach der Flutkatastrophe gezeigt, denn dieser gab ziemlich ostentativ zu erkennen, dass er die Anwesenheit Nevermanns als störend empfand.

Helmut Schmidt war als Senatsmitglied der Auffassung, dass die Senatsberatungen nicht genügend straff und ergebnisorientiert geleitet wurden, und er tat wenig, um zu verhindern, dass entsprechende Informationen bald die Runde machten unter den Rathausjournalisten, etwa die ihm zugeschriebene lakonische Spitze »Paul ist faul«. Er hat damals durchaus Anlässe gesucht und gefunden, um dem Regierungschef den Ablaufplan der Senatsberatungen durcheinanderzubringen und so die Autorität des Bürgermeisters in Frage zu stellen.

Nevermann hingegen freute sich, wenn der Kollege Schmidt die Ratsstube für eine Zigarettenpause verließ, und nutzte diese Zeit, um in der Tagesordnung voranzukommen und durch Beschlussfassung vollendete Tatsachen zu schaffen, wenngleich er wusste, dass der Chef der Innenbehörde diese Beschlüsse nur mit Zähneknirschen zur Kenntnis nehmen würde. Er war regelmäßig nicht bereit, den betreffenden Tagesordnungspunkt wieder aufzurufen, nur weil der Innensenator zuvor nicht anwesend war.

Diese gesamte Gemengelage führte am 5. Dezember 1962 zu einem politischen Paukenschlag, wie ihn das Rathaus selten erlebt hat: An diesem Tag trat das Landesparlament um 14 Uhr in die Generaldebatte zum Etatentwurf für das Haushaltsjahr 1963 ein. Nur ein kleiner Teil der SPD-Abgeordneten wusste, was bevorstand. Kurz nach dem Beginn der Sitzung trat der SPD-Fraktionsvorsitzende Gerhard Brandes an das Rednerpult, zerpflückte zunächst, taktisch sehr geschickt, die haushaltspolitischen Vorstellungen der Opposition und präsentierte dann, zur Verblüffung des Ersten Bürgermeisters, des

Senats und des Parlaments, ein Projekt, das ganz sicher in der politischen Garküche der »Modernisierer« um Helmut Schmidt entstanden war und jedenfalls dem entsprach, was Schmidt im Mai 1962 in Kiel als Forderung auf den Tisch gelegt hatte: eine nach dem Vorbild der Europäischen Wirtschaftsgemeinschaft (EWG) vertraglich zu organisierende Norddeutsche Wirtschaftsgemeinschaft mit einem Norddeutschen Ministerrat und einem Norddeutschen Parlament, das aus Abgeordneten der drei Landesparlamente Hamburgs, Schleswig-Holsteins und Niedersachsens gebildet werden sollte.

Eine landespolitische Sensation. Zur Begründung erklärte Brandes, der eben noch die CDU wegen ihrer Haushaltspolitik gerüffelt hatte, die SPD habe »von den Fakten der Wirklichkeit, denen Hamburg gegenübergestellt ist, eine sehr weitgehende Übereinstimmung mit den Darlegungen der Opposition feststellen können«. Er fügte hinzu:

> »Die sozialdemokratische Bürgerschaftsfraktion ist der Auffassung: Die Zeit für kleinkarierte Lösungen ist vorbei. Eine wirksame Maßnahme zur Förderung der Wirtschaftsentwicklung ist eine gemeinsame Regionalpolitik der drei Küstenländer Schleswig-Holstein, Hamburg und Niedersachsen. [...] Die gemeinsame Interessenlage ergibt sich daraus, dass alle drei Länder gemeinsame Grenzen haben und daher eine gemeinsame Planungskonzeption entwickeln müssen. Grundsatz einer großräumigen Planung ist es, so zu planen, als gäbe es keine Länder und keine kommunalen Grenzen mehr.«[7]

Der SPD-Vorschlag sah vor, dass diese politische Synchronisierung der drei Länder die Verkehrsinfrastruktur ebenso umfassen sollte wie die Industrieansiedlung und die Steuerpolitik, und zwar »mit allen sich aus diesen Aufgaben ergebenden Konsequenzen«. Es war eine bahnbrechende, politisch kühne Konzeption.

Weder der Regierungschef Paul Nevermann noch der Zweite Bürgermeister und Wirtschaftssenator Edgar Engelhard oder der Finanzsenator Herbert Weichmann waren zuvor in irgendeiner Form mit diesem Projekt befasst worden. Sie reagierten kühl und professionell, indem sie den Vorgang als reine Fraktionsangelegenheit behandelten. Jedoch gab es nicht einmal eine Beschlusslage der Fraktion zu diesem Thema.

Nur ein vergleichsweise kleiner Kreis von SPD-Bürgerschaftsabgeordneten hatte das Vorhaben geboren. Neben Brandes gehörten dazu Helmuth Kern, Heinz Ruhnau, Wilhelm Eckström und Oswald Paulig. Die bürgerschaftlichen Haushaltsberatungen waren noch nicht beendet, als diese Fraktionsrebellen erneut für Schlagzeilen sorgten: Paulig schlug vor, zur Koordinierung der wirtschaftspolitischen Aufgaben bei der norddeutschen Integration einen zusätzlichen Senator für Raumordnung zu berufen, die Landesregierung also von zwölf auf dreizehn Mitglieder zu erweitern.

Auch über diesen Vorstoß hatte man Nevermann nicht informiert. Schon das war eine Brüskierung sondergleichen. Sie wurde noch verstärkt durch die nun offenkundige Tatsache, dass Fraktionschef Brandes und seine Freunde den beiden Bürgermeistern Paul Nevermann und Edgar Engelhard, aber auch dem sozialliberalen Senat insgesamt die politische Kraft für ein zukunftsweisendes wirtschaftspolitisches Gesamtkonzept nicht mehr zutrauten. Das entsprach exakt der Auffassung Helmut Schmidts. Wenn man aus seinem »Brief« die lyrisch-gefühlvollen Wendungen eliminierte und die Kernaussagen mit der konzeptionellen Kompetenz dieser Landesregierung abglich, konnte er sich in seiner kritischen Analyse bestätigt sehen.

Nevermann hatte in dieser Situation zwei Möglichkeiten: Er konnte die offene politisch-parlamentarische Auseinandersetzung suchen, oder er konnte darauf hoffen, dass die Widerstände in Kiel und Hannover den »Brandes-Plan«, der wochenlang die Medien beschäftigte, zum Scheitern bringen würden. Er entschied sich für die zweite Möglichkeit, und er hatte damit Erfolg. In den drei Landeshauptstädten, auch in Hamburg, war die Bedenkenträgerei groß und die Bereitschaft gering, zugunsten gemeinsamer Lösungen auf eigene Einflussmöglichkeiten zu verzichten. Hinhaltend-abwartende Presseerklärungen änderten daran nichts.

Im Juli 1963 bat Paul Nevermann eine handverlesene Schar von Genossen, unter ihnen auch Finanzsenator Weichmann und der Chefredakteur der »Hamburger Morgenpost«, Heinrich Braune, zu einer, so seine eigene Formulierung, »Gipfelkonferenz über die kommenden Aufgaben« in das Haus Wedells, das Senatsgästehaus, in der Neuen Rabenstraße. Helmut Schmidt hatte er nicht eingeladen. Das Thema »Norddeutsche Wirtschaftsgemeinschaft« rangierte unter den elf Tagesordnungspunkten an vorletzter Stelle, gleich nach dem Straßenlärm. Es war dies eine politische Beerdigung vierter Klasse.

Der Innensenator hatte unterdessen andere Sorgen – er drohte in den Strudel der »Spiegel«-Affäre zu geraten, und es zeichnete sich überdies ab, dass er auf die Bonner Bühne zurückkehren würde.

Hat Hamburg, die »schlafende Schöne«, seine Mahnungen beherzigt? Fünfundzwanzig Jahre später, im März 1988, bat »Die Welt« den Altbundeskanzler, den folgenden Passus aus seinem »Brief an Hamburger Freunde« zu kommentieren: »Diese Stadt beherbergt ein unglaubliches Reservoir an weltweiter Erfahrung, an geistigem Potenzial, an realistischer Fähigkeit zur Kalkulation, an Toleranz und Prinzipientreue, an Weitblick und Wagemut.«

Die Antwort, mit der er dieser Bitte entsprach, war nicht eben schmeichelhaft für Hamburg und die Hanseaten:

> »Schon vor 25 Jahren gab es Anlass zum Aufruf an die Hamburger, auf dass sie ihre Fähigkeiten und Tugenden tatsächlich nutzen. Inzwischen ist diese Stadt noch schöner und noch liebenswerter geworden – aber ihre Wirtschaft stagniert. Heute ist es in fast allen Quartieren der hamburgischen Gesellschaft und

Politik geboten, die Neigung zu Schildbürgerei und Krähwinkelei zu überwinden und statt dessen gemeinsam die Grundlagen auszubauen zum allseitigen Wohlstand auch im 21. Jahrhundert.«[8]

Deutliche Worte. Und heute, noch einmal fünfundzwanzig Jahre später? Die Bundeshauptstadt Bonn mit ihrer rheinischen Provinzialität ist Geschichte. Inzwischen entwickelt die Bundeshauptstadt Berlin unzweifelhaft jene weltstädtische, attraktive Urbanität, die Helmut Schmidt sich für seine Vaterstadt wünschte, als er sie aus ihrem Schlaf zu wecken versuchte.

Ist Hamburg dem Sog der Metropole Berlin gewachsen – wirtschaftlich, kulturell, als Wissenschafts- wie als Medienstandort? Kümmern sich die politischen Führer der Stadt heute um das, was politisch in Berlin geschieht, wie sie sich früher in Bonn hätten einbringen müssen? Ist der Bürgermeister inzwischen mehr als ein »allseits geachteter Stadtvater« und der Senat mehr als »treusorgendes Stadtregiment«? Und hat die Bürgerschaft endlich ihr »Gemeinderatsniveau« hinter sich gelassen, die Auslastung mit »Teilbebauungsplänen für Billstedt und Winterhude«, und hat sie erkannt, dass »die eigentlichen politischen Aufgaben dieser Stadt bis nach Helsinki oder Warschau, nach Djakarta oder Buenos Aires reichen, nach London, Washington und Moskau«? Wer den politischen, wirtschaftlichen und kulturellen Zustand Hamburgs unvoreingenommen beurteilt, ohne jene Selbstzufriedenheit, die noch immer in der Stadt ihre Heimstatt hat, der wird diese Fragen wohl sämtlich verneinen müssen.

Helmut Schmidt hat 1962 zornig festgestellt: »Der Klüngel von Rhein und Ruhr macht sich breit in Deutschland.« Heute ist die Bundesrepublik auf dem besten Wege, bayrisch dominiert zu werden. Auf die Indizien dafür stößt man in allen Lebensbereichen – im Fußball wie in der Arbeitslosenstatistik, im Leistungsniveau der

Abiturienten wie im Hochschulranking. Das Süd-Nord-Gefälle ist ganz unbestreitbar. Hamburg hat seine »deutsche Aufgabe«, die Helmut Schmidt damals anmahnte, noch vor sich, und den »Brief an Hamburger Freunde« sollten wir heute so lesen, wie er 1962 gemeint war – weniger als lyrische Liebeserklärung, sondern als renitenten Rippenstoß.

Kein Bundesland hat von der deutschen Einheit, von der Rückkehr in das traditionelle Hinterland und in die Länder des »Mare balticum« so profitiert wie Hamburg, kein Bundesland hat solche Chancen. Nur muss die Stadt in der Tat mit ihrem »Pfunde wuchern«, vielleicht heute sogar mehr denn je.

Anmerkungen

1 »Brief an Hamburger Freunde«. In: »Die Welt«, 28. Juli 1962.

2 Karl Kaufmann (1900 – 1969) war in der NS-Zeit in Hamburg Gauleiter der NSDAP und Reichsstatthalter. Friedrich »Fiete« Dettmann (1897 – 1970) war von 1945 bis 1948 kommunistischer Gesundheitssenator der Hansestadt.

3 Fritz Höger (1877 – 1949) schuf als Architekt prägende Bauten, zum Beispiel das Chilehaus. Fritz Schumacher (1869 – 1947), bahnbrechender Architekt und Stadtplaner, war von 1923 bis 1933 Hamburgs Oberbaudirektor.

4 Schmidt, Weggefährten, S. 523.

5 Uwe Bahnsen: Die Weichmanns in Hamburg – Ein Glücksfall für Deutschland. Hamburg 2001, S. 266 ff.

6 Soell, S. 451 ff.

7 Protokoll der Sitzung der Hamburger Bürgerschaft vom 5. Dezember 1962, S. 594 ff.

8 Uwe Bahnsen: In Hamburg leben, Hamburg 1988, S. 7.

Ein Abgrund an Intrige

Die »Spiegel«-Affäre und Innensenator Schmidt

Am 23. Oktober 1962 erschien ein hoher Beamter des Bundesinnenministeriums, der Ministerialdirigent Rudolf Toyka, in der Hansestadt, um die Aktion vorzubereiten. Am Tag darauf folgte ihm der damalige Erste Staatsanwalt Siegfried Buback von der Bundesanwaltschaft mit Beamten der Sicherungsgruppe Bonn des Bundeskriminalamtes. Drei Tage später, abends gegen 20.30 Uhr, tat der Ministerialdirigent Toyka endlich, was er nach dem Gesetz längst hätte tun müssen – er unterrichtete den zuständigen Landesminister, Innensenator Helmut Schmidt, über die Aktion, die unmittelbar bevorstand, und ersuchte ihn um die Überlassung von Räumlichkeiten im Polizeipräsidium.

Die Ermittlungsrichter des Bundesgerichtshofs hatten die Verhaftung mehrerer Redakteure des Nachrichtenmagazins »Der Spiegel« angeordnet: wegen des dringenden Tatverdachts der Preisgabe von Staatsgeheimnissen nach § 100 Abs. 1 des Strafgesetzbuchs. Schmidt sagte die Amtshilfe zu, äußerte aber zugleich massive Bedenken gegen die Verhältnismäßigkeit dieser Maßnahme und ersuchte Toyka, diese Beurteilung weiterzugeben. Zu diesem Zeitpunkt waren die Telefonleitungen der Redaktion bereits tagelang angezapft und sämtliche Gespräche überwacht worden.

Der Chefredakteur des Nachrichtenmagazins, Claus Jacobi, 35, saß an diesem Abend in seinem Büro im sechsten Stock des Hamburger Pressehauses und korrigierte Seitenabzüge. Es war ein Freitag, und die Redaktion befand sich im Endspurt für die neue Ausgabe, die am Montag erscheinen sollte. Es waren die Tage der Kuba-Krise – Kriegsfurcht überall, auch in Hamburg. Wird der Kreml-Chef Nikita Chruschtschow Westberlin als Faustpfand benutzen, um den

US-Präsidenten John F. Kennedy bei der Blockade Kubas zum Nachgeben zu zwingen? Doch es ging an diesem Abend in der Hansestadt nicht um Krieg und Frieden, nicht um die drohende militärische Konfrontation in der Karibik, sondern um eine innenpolitische Affäre, die die Bundesrepublik bis in die Grundfesten erschüttern und tiefgreifend verändern sollte.

Kurz nach 21 Uhr läutete Jacobis Telefon. Der Pförtner kündigte ihm zwei nicht angemeldete Besucher an. Minuten später standen ein Oberkommissar und ein Kriminalbeamter, beide von der Sicherungsgruppe Bonn des Bundeskriminalamtes, in seinem Zimmer. Höflich präsentierten sie einen Durchsuchungsbeschluss und verlangten die Räumung der Redaktion, in der sich zu diesem Zeitpunkt noch rund sechzig Mitarbeiter aufhielten. Der Herausgeber Rudolf Augstein und der Mit-Chefredakteur Johannes K. Engel hatten das Haus bereits verlassen.

Jacobi lehnte die Räumung der Redaktion ab und wies auf mögliche Schadensersatzforderungen hin. Kurz darauf erschienen rund zwanzig hamburgische Kriminalbeamte, angeführt von ihrem Chef, dem Leitenden Kriminaldirektor Erhard Land, besetzten die Redaktion und begannen mit der Durchsuchung der Räume und der Beschlagnahme von Unterlagen. Die Beamten zeigten durch ihr Verhalten, dass sie diese Amtshilfe eher widerwillig leisteten. Daraufhin forderte der Einsatzleiter Buback sie auf, mehr Nachdruck an den Tag zu legen.

Während nach einem Protest von Claus Jacobi eine kleine Gruppe Redakteure die Schlussredaktion der vor dem Andruck stehenden Ausgabe fertigstellen durfte, fuhren zwei Kriminalbeamte mit Jacobi zu dessen Privathaus, durchsuchten jeden Winkel, beschlagnahmten private Papiere und lieferten den Journalisten dann in das Untersuchungsgefängnis am Holstenglacis ein. Dort eröffnete ein Ermittlungsrichter ihm den Haftbefehl, und im nächsten Moment schloss sich die Zellentür hinter ihm.

Insgesamt wurden neun Personen verhaftet, unter ihnen der stellvertretende Chefredakteur Conrad Ahlers, den Verteidigungsminister Franz Josef Strauß widerrechtlich im Urlaub in Spanien festnehmen ließ. Der Herausgeber Rudolf Augstein stellte sich an diesem dramatisch verlaufenden Wochenende in Hamburg der Polizei und wurde ebenfalls ins Untersuchungsgefängnis eingeliefert. Ein beispielloser Vorgang.[1]

Was war geschehen? In der Ausgabe 41/1962 vom 10. Oktober 1962 hatte der »Spiegel« eine von Conrad Ahlers recherchierte und von ihm und dem Bonner Redakteur Hans Schmelz verfasste Titelgeschichte mit der Überschrift »Bedingt abwehrbereit« veröffentlicht. Sie stützte sich auf die Ergebnisse der Nato-Stabsrahmenübung »Fallex 62« und stellte das Verteidigungskonzept der Bundeswehr und damit die Politik des Bundesverteidigungsministers Franz Josef Strauß in Frage – eine so brisante wie brillante militärpolitische Analyse. Ihr Ergebnis: Die Bundeswehr sei aufgrund ihrer Ausrüstung zu einer konventionellen Verteidigung der Bundesrepublik gegen einen Angriff des Warschauer Pakts nicht fähig. Ein solcher Angriff könne nur durch den Einsatz westlicher Atomraketen abgewehrt werden. Belegt hatten die Redakteure ihre These mit zahlreichen Fakten.

Am 11. Oktober 1962 erstattete der Würzburger Staatsrechtslehrer Professor von der Heydte Strafanzeige gegen die presserechtlich Verantwortlichen des Nachrichtenmagazins wegen Landesverrats. Die Bundesanwaltschaft holte ein Gutachten bei dem Bundesverteidigungsministerium ein, das 41 angeblich »zum Teil äußerst wichtige« militärische Geheimnisse auflistete, die das Magazin veröffentlicht habe. Das war die Grundlage für die Haftbefehle und die Durchsuchungen und Telefonüberwachungen der Redaktion.

Helmut Schmidt war an diesem Vorgang insofern beteiligt, als Conrad Ahlers ihn am 29. September 1962 um ein dringliches Gespräch gebeten hatte. Es fand noch am späten Abend in Schmidts

Privatwohnung in Langenhorn statt und dauerte etwa eine Stunde. Schmidt hatte seinen Freund Karl-Wilhelm Berkhan, den SPD-Bundestagsabgeordneten, hinzugebeten. Themen waren verteidigungspolitische Spezialfragen und ein maschinengeschriebenes Manuskript von knapp sechzig Seiten, das Ahlers mitgebracht hatte. Es handelte sich dabei um einen Entwurf der geplanten Titelgeschichte.

Schmidt hatte diesen Text im Hinblick auf Plausibilität und Faktengenauigkeit kommentiert. An mehr als einem Dutzend Stellen gab er kritische Hinweise, riet zur Überprüfung der sachlichen Richtigkeit, fügte Korrekturen ein und empfahl dringend, vor allem eine Passage und im Übrigen den gesamten Text im Hinblick auf eine mögliche Verletzung von Geheimhaltungsbestimmungen zu verifizieren. Ahlers hatte zugesagt, dies zu veranlassen. Wie sich später herausstellte, hatte er Wort gehalten.

Am Sonnabend, dem 27. Oktober, fuhr der Innensenator zum Polizeipräsidium, um sich über den Fortgang der Aktion gegen den »Spiegel« zu informieren. Er erfuhr, dass der Einsatzleiter Buback im Hause war, für den man inzwischen ein Büro eingerichtet hatte, und äußerte den Wunsch, ihn zu sprechen. Die Unterredung kam am Nachmittag zustande und dauerte etwa fünfzehn Minuten. Siegfried Buback schilderte dabei den Verlauf der Aktion und informierte Schmidt darüber, dass Augstein sich inzwischen gestellt habe und ebenfalls in Haft genommen worden sei. Schmidt sah sich durch den Verlauf dieses Gesprächs in seinem Eindruck bestätigt, dass dieser gesamte Vorgang kaum rechtsstaatlichen Erfordernissen genügte; überdies befürchtete er, dass dadurch die politische Vorbereitung einer Notstandsgesetzgebung, die er nach seinen Erfahrungen bei der Flutkatastrophe für dringend notwendig hielt, massiv erschwert werden würde. Noch am gleichen Tag teilte er seine Bedenken Herbert Wehner in Bonn und am nächsten Tag Bürgermeister Paul Nevermann mit. Er verband damit die Besorgnis, dass hamburgische Stellen und Beamte möglicherweise zur Amtshilfe für eine Maßnahme herangezogen wurden, deren Rechtsstaatlichkeit schweren Zweifeln begegnete.

Die Aktion gegen den »Spiegel« weitete sich zu einer schweren innenpolitischen Krise aus. Bürgermeister Paul Nevermann kritisierte am 2. November 1962 in einem Schreiben an Bundeskanzler Konrad Adenauer, dass die nicht beschuldigten Redakteure in ihrer Arbeit behindert würden und die nächsten Ausgaben daher gefährdet seien. Damit sei die Gefahr einer grundgesetzwidrigen Einschränkung der Pressefreiheit gegeben: »Wir nehmen es in Hamburg mit der Gesetzmäßigkeit der Verwaltung sehr genau. Ich bitte die Bundesregierung, umgehend einen einwandfreien Ablauf des Verfahrens zu sichern, damit nicht der Senat gezwungen wird, die Rechtmäßigkeit der Tätigkeit von Bundesbeamten im Bereich des Landes Hamburg prüfen zu müssen.«

Ein Schreiben ähnlichen Inhalts richtete Helmut Schmidt am selben Tag an den Bundesinnenminister Hermann Höcherl (CSU), den er um die Prüfung der Frage bat, ob das Bundeskriminalamt weiterhin hamburgische Amtshilfe benötige. Während Höcherl auf eine Antwort verzichtete, wurde Adenauer in dem Schreiben an Nevermann in warnender Tonlage deutlich: Das Ermittlungsverfahren werde vom Generalbundesanwalt geführt, und dessen Behinderung gefährde die Unabhängigkeit der Rechtspflege und würde möglicherweise »strafrechtliche Konsequenzen für die Verantwortlichen, gleichgültig ob in Bundes- oder Landesbehörden« nach sich ziehen.

Adenauer und die Unionsparteien zeigten sich von den stürmischen Protesten in der Öffentlichkeit der ganzen Republik zunächst wenig beeindruckt. Volle vier Wochen hindurch blieb die Redaktion des Nachrichtenmagazins abgesperrt und wurde Tag für Tag, auch sonntags, durchsucht. Die neun Verhafteten wurden erst schrittweise freigelassen, als Letzter Rudolf Augstein, nach 103 Tagen. Die Fragestunden im Bundestag vom 7. bis 9. November, in denen Strauß sich in Lügen und Widersprüche verwickelte und Adenauer »einen Abgrund an Landesverrat« behauptete, verliefen tumultartig wie nur wenige Bundestagssitzungen. Strauß war nicht mehr zu halten und musste am 30. November 1962 als Verteidigungsminister zurücktreten. Die Hamburger Zeitungsverlage zeigten sich solidarisch und stellten der »Spiegel«-Redaktion die erforderliche Infrastruktur zur Verfügung, damit das Nachrichtenmagazin weiter erscheinen konnte.

Im Dezember 1962, das genaue Datum ist nicht sicher festzustellen, kamen die Ermittlungsbehörden in den Besitz jenes Titelgeschichten-Entwurfs, den Helmut Schmidt am Abend des 29. September mit Korrekturen und sonstigen Hinweisen versehen hatte. Daraus konstruierten die Ermittler sogleich den für die Bundesregierung unter Kanzler Adenauer politisch hochwillkommenen Vorwurf, gegen Schmidt habe sich der »Verdacht der Beihilfe zum Landesverrat« ergeben. Der Bundesjustizminister gab die Ermittlungen gegen Helmut Schmidt ausdrücklich frei, nachdem die Bundesanwaltschaft dem weisungsberechtigten Minister erklärt hatte, Schmidt habe den Artikel »korrigiert«.

Der Innensenator fiel aus allen Wolken, als ihm Ende Januar 1963 amtlich eröffnet wurde, er werde in der Landesverratssache gegen Augstein und Ahlers als Beschuldigter geführt. Mit einer Einvernahme als Zeuge hatte er gerechnet, doch dieser Beihilfevorwurf war für ihn so absurd, dass er darauf verzichtete, einen Anwalt mit seiner Verteidigung zu beauftragen. Er war sicher, dass dieser konstruierte Verdacht in sich zusammenfallen würde. Die erste Vernehmung fand am 6. Februar 1963 in Bonn statt, die zweite einen Tag später in Hamburg.

Dem »Spiegel« ging es in seinem Ermittlungsverfahren um den Nachweis, dass ein Geheimnisverrat schon deshalb nicht vorliege, weil die Titelgeschichte nur wiedergegeben habe, was in der internationalen Strategiediskussion bereits vorher veröffentlicht worden war. Dieser Linie folgte auch Helmut Schmidt. Jedoch ließ der ihn vernehmende Richter ein derartiges Maß an Unkenntnis sogar von Grundbegriffen der Militär- und Verteidigungspolitik erkennen, dass er ihm ein Exemplar seines Buches »Verteidigung oder Vergeltung« schenkte, dazu einen Sonderdruck von Artikeln, die er im August 1962 in der Wochenzeitung »Die Zeit« veröffentlicht hatte.

Am 13. März 1963, unmittelbar nach einer Bundestags-Fragestunde zu diesem Thema, stellte sich Helmut Schmidt der Bundespressekonferenz und machte seiner Empörung Luft. Sein zentrales Argument war, dass die Redaktion die von ihm als überprüfungsbedürftig angekreuzten Passagen des Titelgeschichten-Entwurfs auch tatsächlich der zuständigen Behörde vorgelegt hatte, so wie Conrad Ahlers es an jenem Abend zugesichert hatte. Schmidt bezeichnete den auf ihn gefallenen Verdacht als »tiefe Kränkung«.[2] Am Tag nach dieser Pressekonferenz wurde er erneut vernommen und erläuterte Seite um Seite die Korrekturen und Anmerkungen auf dem Entwurfsmanuskript vom 29. September.

Helmut Schmidt gewann den Eindruck, dass die Bundesanwaltschaft und das Bundesjustizministerium das Ermittlungsverfahren gegen ihn aus politischen Gründen in Gang halten und hinauszögern wollten. Und so war es: Am 24. Oktober 1963 teilte der Generalbundesanwalt der Öffentlichkeit mit, Helmut Schmidt stehe unverändert im Verdacht, im Zusammenhang mit der »Spiegel«-Affäre Beihilfe zum Landesverrat geleistet zu haben.[3] Neun Monate später, am 16. Juli 1964, reagierte Bundesjustizminister Ewald Bucher (FDP) endlich. In seiner Antwort auf eine massive Beschwerde des Ersten Bürgermeisters Dr. Paul Nevermann wegen der schleppenden Ermittlungen gegen Schmidt übersandte Bucher eine Auflistung der »Verdachtsgründe gegen den Beschuldigten Schmidt« – ein Machwerk von sage und schreibe 25 Seiten Umfang. Darin wurde Schmidt eine Art informatorischer Komplizenschaft mit dem »Spiegel« unterstellt, was der Innensenator mit dem Nachweis widerlegen konnte, dass er zu Journalisten liberal-konservativer Blätter wie der »FAZ« oder der »Welt«, aber auch zu SPD-nahen Redaktionen sehr viel intensivere Kontakte unterhalten hatte. Insgesamt gewann er den Eindruck, dass die Bundesanwaltschaft auf Weisung des Bundesjustizministeriums bestrebt war, das Ermittlungsverfahren gegen ihn bis in das Bundestags-Wahljahr 1965 hinein zu verzögern.

Am 13. Mai 1965 fasste der 3. Strafsenat des Bundesgerichtshofs einen Beschluss, der in die deutsche Justizgeschichte einging: Die Richter lehnten die Eröffnung des Hauptverfahrens gegen Rudolf Augstein und Conrad Ahlers ab, weil keine Beweise für einen wissentlichen Verrat von Staatsgeheimnissen beigebracht worden seien.[4] Zudem seien die veröffentlichten militärstrategischen Details zum größten Teil vorher schon von anderen Blättern publiziert worden. Damit hatte sich logischerweise auch der gegen Helmut Schmidt erhobene Vorwurf erledigt, und das Ermittlungsverfahren war unverzüglich einzustellen.

Doch es kam ganz anders. Es gehört zu den irritierenden Begleitumständen dieser Affäre, dass der Beschuldigte Helmut Schmidt derjenige war, der am längsten warten musste, vom Verdacht einer fahrlässigen Preisgabe von Staatsgeheimnissen freigesprochen zu werden. Er war schon Vorsitzender der SPD-Bundestagsfraktion, als der Generalbundesanwalt ihm am 15. Dezember 1966 endlich mitteilte, das Ermittlungsverfahren gegen ihn sei eingestellt worden. Inzwischen regierte in Bonn die Große Koalition, und der Bundesjustizminister hieß Gustav Heinemann (SPD).

Volle vier Jahre hatte die Bundesanwaltschaft gebraucht, um zu diesem Ergebnis zu kommen. Zu den grotesken Pointen dieses Falles gehört, dass Helmut Schmidt in seiner Funktion als Innensenator im September 1964 an der Vorbereitung der Nato-Stabsübung »Fallex 64« beteiligt gewesen war.

Anmerkungen

1 Der Autor stützt sich bei der Schilderung von Beginn und Ablauf der »Spiegel«-Affäre auf seine damaligen aktuellen Recherchen als Mitglied der Nachrichtenredaktion im NDR-Hörfunk.

2 Soell, S. 425.

3 Mitteilung der Bundesanwaltschaft, 24. Oktober 1963.

4 »Der Spiegel«, 26. Mai 1965, S. 83 – 86.

Die große Vaterfigur in der Stadt

Die Ära Weichmann und Schmidts Abschied von Hamburg

Zu seinen großen Vorbildern zählt Helmut Schmidt zwei bedeutende Erste Bürgermeister der Hansestadt: Max Brauer und Herbert Weichmann. Max Brauer, der das Amt während zweier Perioden von 1946 bis 1953 und 1957 bis 1960 innehatte, war der Motor des Wiederaufbaus der Hansestadt. Für Schmidt war er das Idol seiner politischen Lehrjahre in der Wirtschaftsbehörde und als junger Bundestagsabgeordneter. Herbert Weichmann, der Senatschef von 1965 bis 1971, der in der Landespolitik eine Ära begründete, wurde für Schmidt »der geistig bedeutendste Bürgermeister [...], den Hamburg im 20. Jahrhundert erlebt hat.«[1]

Dankbar stellte er in seinen Erinnerungen fest, Herbert Weichmann und seine Ehefrau Elsbeth seien für ihn und Ehefrau Loki vertraute Freunde gewesen und er selbst verdanke »Herbert vielerlei Rückenstärkung«. Er zitierte aus einem Brief, den Herbert Weichmann ihm am 26. April 1976 schrieb:

> »Vor allem empfinde ich ein wenig Staunen und viel Dankbarkeit, dass ich in Dir einen so guten Freund gefunden habe. Man schließt ja im Alter eigentlich keine Freundschaften mehr oder findet sie nicht, weil die Verknotung durch gemeinsame Jugenderlebnisse fehlt und der Generationenunterschied eine natürliche Distanz schafft. Umso dankbarer muss man das Gegenteil feststellen. Wenn es aber so ist, so liegt das wohl daran, dass wir beide auf der gleichen Welle denken ...«
>
> Helmut Schmidt fügte diesem Briefzitat den Satz hinzu: »Tatsächlich aber hatte ich viel mehr Grund zur Dankbarkeit als Herbert.«[2]

Weshalb das eine sehr zutreffende Feststellung war, versteht man, wenn man sich das Lebensschicksal der Weichmanns vor Augen hält. Und man muss wissen, dass Helmut Schmidt in seiner langen politischen Laufbahn immer wieder auch Weggefährten, die ihm persönlich nahestanden, durch verbale Entgleisungen tief verletzt hat. Auch Herbert Weichmann hat das erfahren müssen.

Der hochgebildete, preußisch geprägte Verwaltungsjurist und Finanzfachmann aus dem oberschlesischen Landsberg, 1896 geboren, enger Mitarbeiter des preußischen Ministerpräsidenten Otto Braun (SPD), war schon während seines Studiums in die SPD eingetreten. Seine jüdische Abstammung und politische Einstellung trieben ihn 1933 mit seiner Ehefrau in die Emigration, erst nach Paris, dann in die USA. Max Brauer konnte ihn 1948 zur Rückkehr nach Deutschland bewegen, obwohl seine Familie im Holocaust umgekommen war, und berief ihn an die Spitze des Landesrechnungshofes. 1957 ging Weichmann in die Politik und wurde für acht Jahre Finanzsenator. Er war ein Senator, der Maßstäbe gesetzt hat.

In den sechziger Jahren begannen seine Konflikte mit Helmut Schmidt, der sein nach der Flutkatastrophe enorm gestiegenes politisches Gewicht im Senat durchaus hemdsärmelig einzusetzen wusste und schon mal larmoyant reagierte, wenn der Finanzsenator Weichmann vom Senat in längerer Suada und preußischer Tonlage haushaltspolitische Disziplin verlangte. Beide haben diese Auseinandersetzungen nur andeutungsweise erwähnt: Finanzsenator, so Helmut Schmidt, sei Herbert Weichmann »nicht zu jedermanns Freude« gewesen, »denn er war von peinlicher Sparsamkeit und Genauigkeit«.[3] Herbert Weichmann hingegen nahm für sich in Anspruch, es unterliege das Finanzgebaren »noch immer der alten Regel, nach der man sehr sorgfältig das Verhältnis von Einnahmen und Kapitalmarktmitteln zu überlegen hat, während Kollege Schmidt einer etwas weniger konservativen Finanzpolitik zuneigt.«[4] Beide Aussagen waren Untertreibungen.

Die Kontroversen begannen schon, als Helmut Schmidt noch Bundestagsabgeordneter war und seinen Weg in den Hamburger Senat politisch zu planieren suchte. Am 22. Januar 1960 schrieb er dem Finanzsenator einen Brief, in dem er Angaben über die Gesamtverschuldung der Hansestadt und die daraus resultierenden Zins- und Tilgungsbelastungen erbat. Das war deshalb bemerkenswert, weil Schmidt sich ja bis dahin vornehmlich als Verteidigungs- und nicht als Haushaltsexperte profiliert hatte. Herbert Weichmann gab dieses Schreiben in den Geschäftsgang seiner Behörde, die ihm die gewünschten Daten zusammenstellte, und antwortete am 22. Februar 1960: »Lieber Helmut Schmidt! Ich […] möchte die von Dir angeschnittenen Fragen wie folgt beantworten: Die Gesamtverschuldung Hamburgs am 31. Dezember 1959 betrug 1.818,9 Mill. DM. Darin sind 823,4 Mill. DM Schulden aus Ausgleichsforderungen enthalten, die ja bekanntlich im Hinblick auf die Entscheidung des Bundesverfassungsgerichts z. Zt. Gegenstand von Verhandlungen zwischen Bund und Ländern sind.«

Es folgt eine Gegenüberstellung der Zins- und Tilgungszahlen:

»Zinsen
1959: 65,9 Mill. DM
1960: 61,1 Mill. DM
Tilgung:
1959: 36,2 Mill. DM
1960: 41,2 Mill. DM«

Die Staatsfinanzen der Hansestadt waren damals in einem absolut beneidenswerten Zustand.

Die damalige Korrespondenz zwischen dem Finanzsenator und dem SPD-Bundestagsabgeordneten Schmidt lässt dessen Motive nicht erkennen. Jedoch haben sich prominente Hamburger Sozialdemokraten, unter ihnen der langjährige Bürgerschaftspräsident

Herbert Dau[5], daran erinnert, dass Helmut Schmidt sogar noch während seiner Kanzlerschaft der Meinung war, Hamburg nehme gemessen an seiner Wirtschaftskraft nicht genug Kredite auf, um für die Zukunftssicherung der Hansestadt wichtige Projekte zu realisieren. Daher liegt die Vermutung nahe, dass er sich damals über die Ausgangssituation und die Möglichkeiten für eine solche offensive Haushaltspolitik informieren wollte.

Als Schmidt im Dezember 1961 Mitglied des Senats geworden war, bemühte er sich systematisch um Bundesgenossen für eine Haushaltspolitik, wie er sie für erforderlich hielt. Es ging ihm um einen wirksamen Hochwasserschutz, um den Ausbau der Verkehrsinfrastruktur, um die Umrüstung des Hafens auf das Container-Zeitalter, um die Konsequenzen der geburtenstarken Jahrgänge für die Schulen und die Jugendfürsorge, ebenso um den dringend notwendigen Ausbau der Hochschulen. Aufgaben, die man durchaus als elementar für die Zukunftssicherung der Hansestadt ansehen kann.

Im Sommer 1964 kam es bei der Vorbereitung des Haushaltsentwurfs zu stürmischen Konflikten im Senat und in der SPD-Bürgerschaftsfraktion, und in deren Verlauf ließ Helmut Schmidt sich zu einem Vorwurf an die Adresse des Finanzsenators hinreißen, der das Ehepaar Weichmann zutiefst verletzte und beide in einer ersten Reaktion zu der Überlegung brachte, Hamburg für immer den Rücken zu kehren: »Das ist doch nur dein verdammter jüdischer Geiz!«[6]

Zwar wurde diese schlimme Entgleisung sofort wieder eingerenkt und alle Beteiligten wurden angehalten, darüber Stillschweigen zu bewahren, denn für den Herbst 1965 standen Bundestagswahlen an, und auch die Legislaturperiode der Bürgerschaft ging zu Ende. Aber der Konflikt im Senat wurde mit ausführlichen Schriftsätzen fortgesetzt.

Am 23. September 1964 brachte Herbert Weichmann den Haushaltsentwurf für 1965 in der Bürgerschaft ein: Das Gesamtvolumen lag bei rund 3,8 Milliarden Mark, die Gesamtverschuldung betrug

1,25 Milliarden Mark, der Kreditbedarf musste von 200 auf 300 Millionen Mark erhöht werden. In absehbarer Zeit, so warnte Weichmann das Landesparlament, werde der Schuldendienst die Summe von jährlich 200 Millionen DM überschreiten. Ohne Helmut Schmidt namentlich zu nennen, fügte er hinzu: »Das ist bereits ein stattlicher Betrag, der mich immerhin veranlasst, die frischfröhlichen Befürworter einer expansiven Kreditpolitik an ein Wort Benjamin Franklins zu erinnern: ›Willst du wissen, wie viel Geld wert ist, versuche es dir zu borgen.‹«

Herbert Weichmann war Realist genug, um sich im Hinblick auf die Stimmungslage im Senat, in der Bürgerschaftsfraktion und im Landesvorstand der SPD keinerlei Illusionen hinzugeben: Er war mit seinen haushaltspolitischen Grundauffassungen deutlich in der Minderheit. Die logische Konsequenz aus diesem Sachverhalt war ihm klar: Nach der Bürgerschaftswahl würde die Hamburger SPD sich einen anderen Finanzsenator suchen. So kam es.

Vorher aber erschütterte ein politisches Erdbeben die Hamburger SPD. Am 28. Mai 1965 besuchten Queen Elizabeth und Prinz Philip die Hansestadt, und im Vorfeld dieser glanzvoll verlaufenen Visite war offenbar geworden, was bis dahin nur wenige Rathaus-Insider wussten: Die Ehe des Bürgermeisters Paul Nevermann war irreparabel zerrüttet, und der Regierungschef hatte eine neue Partnerin. Die Hamburger SPD, die um ihre Chancen bei der im März 1966 anstehenden Bürgerschaftswahl fürchtete, drängte Nevermann in spießiger Manier zum Rücktritt, den er am 1. Juni mit Wirkung zum 9. Juni 1965 vollzog.

Nun musste die SPD nicht nur einen neuen Regierungschef, sondern auch einen Spitzenkandidaten suchen, und Helmut Schmidt war daran maßgeblich beteiligt:

> »[...] gehörte ich zu einem kleinen Ausschuss von sechs oder sieben Hamburger Sozialdemokraten, die einen neuen Vorschlag

machen sollten. [...] Nach weniger als zwei Stunden waren wir uns einig. Wir schlugen Herbert Weichmann vor. Wir wussten, er war nicht populär. Wir wussten, er war kein Tribun. Wie konnte jemals ein Finanzsenator oder ein Finanzminister populär sein oder gar populär sein wollen? Einige unserer Genossen haben denn damals auch gefragt: ›Wat? Denn Pennschieter wüllt ji wählen?‹ Und einige Journalisten schrieben über Weichmann als Übergangsbürgermeister. Aber wir fühlten uns sicher. Und die Partei insgesamt hatte den richtigen politischen Instinkt.«[7]

Helmut Schmidt selbst stand damals für die Nachfolge Nevermanns nicht zur Verfügung. Er hatte dem SPD-Kanzlerkandidaten Willy Brandt die Zusage gegeben, in einer SPD-geführten Bundesregierung das Amt des Verteidigungsministers zu übernehmen. Aber er hatte auch private Gründe, sich nicht um das Amt des Ersten Bürgermeisters zu bewerben. Auch die Ehe mit Loki war in einer schwierigen Phase, eine Trennung war nicht ausgeschlossen. Er wollte die Toleranz seiner Partei und der hamburgischen Öffentlichkeit nicht auf die Probe stellen.

Am 9. Juni 1965 wählte der Senat den Finanzsenator Dr. Herbert Weichmann zum neuen Ersten Bürgermeister. Damit begann, was niemand erwartet hatte, eine glanzvolle Amtszeit, die in der Rathausgeschichte ihresgleichen sucht und zur »Ära Weichmann« wurde. Helmut Schmidt hat die Gründe beschrieben:

»Befreit von den einengenden Zwängen und Notwendigkeiten des Finanzressorts, kam nunmehr seine profunde Bildung zum Vorschein, seine Lebenserfahrung, seine Auslandserfahrung, seine englischen und französischen Sprachkenntnisse. Vor allem seine vielerlei klugen politischen Einsichten und seine ethischen Maximen, welche man früher nur gelegentlich und nur als Andeutungen von ihm vernommen hatte. Herbert Weichmann

Der Finanzsenator Herbert Weichmann und der Innensenator fochten so manchen Strauß miteinander aus.

> wurde kraft seiner Weisheit binnen kurzer Zeit zum Patriarchen Hamburgs.«[8]

Dieser Stadtvater im besten Wortsinn war 69 Jahre alt, als er sein Amt übernahm. Helmut Schmidt, damals 46, hätte also noch Zeit genug für auf dieses Amt gerichtete Ambitionen gehabt. Aber so war seine Lage nicht. Die Frage, ob er Senator in Hamburg bleiben oder nach der für die SPD abermals enttäuschend verlaufenen Bundestagswahl vom 19. September 1965 die SPD-Fraktionsführung im Bonner Parlament verstärken solle, war ganz gegen seinen Willen zu einem öffentlichen Thema geworden. Herbert Wehner, der in der Hamburger SPD als völlig unangefochtener Abgeordneter des Wahlkreises Harburg und in Bonn als Stratege der sozialdemokratischen Politik einen enormen Einfluss geltend machen konnte, aber auch Willy Brandt und Fraktionschef Erler gaben mit Nachdruck zu erkennen, dass sie die Zukunft Helmut Schmidts, der mittlerweile zu den Spitzengenossen aufgerückt war, in Bonn und nicht in Hamburg sahen.

Es war ein enervierendes Gezerre, das erst ein Ende fand, als Helmut Schmidt eine Woche nach der Bundestagswahl am 27. September in einer Pressekonferenz in Hamburg seine Entscheidung bekannt gab, in die Bonner Politik zurückzukehren. Die neue SPD-Bundestagsfraktion wählte ihn am 3. November 1965 mit 153 von 189 Stimmen zum zweiten stellvertretenden Fraktionschef nach Herbert Wehner, der 167 Stimmen erhalten hatte. Fraktionsvorsitzender blieb mit großer Mehrheit Fritz Erler.

Helmut Schmidt fiel der Abschied aus der Innenbehörde und dem Rathaus schwer. »Mit zwei weinenden Augen« verlasse er die Rathauspolitik, gab er vor den Journalisten zu Protokoll. Er schied nach genau vier Jahren und einem Tag am 14. Dezember 1965 aus dem Senat aus; sein Nachfolger wurde der IG-Metall-Funktionär Heinz Ruhnau. Damit hatte er seine Ruhestandsansprüche gewahrt, die eine mindestens vierjährige ununterbrochene Senatsmitgliedschaft voraussetzten.

Die CDU-Opposition im Landesparlament streute ihm Rosen auf dem Weg zurück nach Bonn. Ihr Sprecher Carl Damm bescheinigte ihm, er habe sich in den vergangenen vier Jahren »mehr Verdienste erworben [...] als mancher Senator, der zehn bis zwölf Jahre im Amt gewesen ist«.[9] Das war ehrlich gemeint.

In der Hamburger SPD war das Stimmungsbild, was Helmut Schmidt betraf, deutlich komplizierter. Natürlich, seine großen Verdienste in den Tagen und Nächten der Flutkatastrophe waren unvergessen. Aber in manchen pazifistisch orientierten Ecken der Partei wurde ihm weiterhin der Reserveoffizier der Bundeswehr angekreidet, und neuerdings kam seine intensive Beschäftigung mit den Problemen der Strategie im Atomzeitalter, die ihm einen internationalen Ruf eingetragen hatte, noch hinzu. Vor allem aber gab es ein latentes Misstrauen gegenüber dem politischen Erfolg an sich. Man dürfe solche Leute nicht zu mächtig werden lassen, das war in der Partei ein weit verbreiteter Vorbehalt. Helmut Schmidt hatte zudem durch die hemdsärmelige bis ruppige Manier, in der er mit manchen Parteifreunden umgesprungen war, kräftig dazu beigetragen, dass die Zahl derjenigen in der Hamburger SPD, die ihm eine Träne nachweinten, überschaubar blieb.

Das führte zu einer für ihn mehr als bitteren Lektion, die ihm lange zu schaffen machen sollte. Am 14. Mai 1966 hatte der Hamburger SPD-Landesparteitag darüber zu entscheiden, wer dem bisherigen Landesvorsitzenden Karl Vittinghoff, der nicht mehr zur Verfügung stand, als neuer Parteichef im Amt folgen solle. Es war zu einer Kampfkandidatur gekommen: Paul Nevermann gegen Helmut Schmidt.

Dessen Beweggründe, diese Bewerbung mit großem Nachdruck zu betreiben, lagen auf der Hand: Welche Chancen sich für ihn auf dem Bonner Terrain in Zukunft ergeben könnten, war völlig offen. Er wollte diese Unsicherheit durch eine solide Machtbasis in der Hamburger SPD ausgleichen, und er war der Meinung, dass die Partei ihm das angesichts seiner bisherigen Leistungen für die Stadt auch nicht gut verweigern könne. Das erwies sich als schmerzlicher Irrtum.

Wieder hatte Herbert Wehner dabei die Hand im Spiel, indem er in öffentlichen Stellungnahmen darauf bestand, es sei das Beste, wenn Schmidt für seine Bonner Aufgaben »voll zur Verfügung stünde«, und das ließ er ihn auch persönlich wissen. Vittinghoff sekundierte Wehner mit der Feststellung, die Hamburger SPD könne man nicht nur am Wochenende führen.

Wie sehr diese Argumente in der Partei auf fruchtbaren Boden fielen, konnte Helmut Schmidt schon im Kreis Nord, den er früher selbst geleitet hatte, feststellen: Dort hatten sich in der Kreisdelegiertenversammlung 96 Delegierte für ihn, 97 aber für Nevermann entschieden. Im Landesparteitag wurde daraus ein eindeutiger Sieg des früheren Bürgermeisters: 176 Stimmen für ihn, nur 139 für Helmut Schmidt.

Bei dieser Abstimmungsniederlage kamen mehrere Faktoren zusammen. Es gab ein Bedürfnis nach Wiedergutmachung für den in der SPD-Parteibasis ohnehin seit langem beliebten »Paul«, mit dem die Parteiführung ein Jahr zuvor nicht gut umgegangen war. Und es gab politische oder persönliche »Denkzettel«, mit denen mancher Delegierte Helmut Schmidt tatsächliche oder vermeintliche Unbill heimzahlen wollte. Das hatte auch mit persönlichen Karriereplänen mancher Leute in der SPD zu tun.

Nach dem überwältigenden Wahlsieg der Partei bei der Bürgerschaftswahl vom 27. März 1966, die mit 59 Prozent das bisher beste Ergebnis der gesamten Nachkriegsgeschichte gebracht hatte, wurden in der Partei diverse persönliche Ansprüche erhoben. Helmut Schmidt nahm auf sie keine Rücksicht, vielmehr sorgte er als Vorsitzender einer parteiinternen Kommission für eine deutliche Verjüngung des neuen Senats.

Gegenüber Paul Nevermann erwies er sich als fairer Verlierer, musste aber einsehen, die Stimmung in der Partei völlig falsch eingeschätzt zu haben. Mit dem Versuch, sich eine politische Hausmacht in der Hamburger SPD zu schaffen, war er gescheitert.

Nach dem Tod des SPD-Fraktionsvorsitzenden Fritz Erler im Februar 1967 wurde Helmut Schmidt am 14. März 1967 zu dessen Nachfolger gewählt. Damit hatte er den engsten Machtzirkel der SPD erreicht.

Anmerkungen

1 Schmidt, Weggefährten, S. 553.

2 Ebd., S. 554.

3 Ebd., S. 548.

4 Uwe Bahnsen: Die Weichmanns in Hamburg, Hamburg 2001, S. 205.

5 Herbert Dau (1911 – 2000), Hamburger Ehrenbürger 1978. Im Gespräch mit dem Verfasser, Dezember 1993.

6 Der frühere Senatssprecher Paul Otto Vogel, der frühere Staatsrat Dr. Hans Fahning und der ehemalige Senator Dr. Erst Heinsen (alle SPD) haben sich im Sommer 1999 dem Verfasser gegenüber dafür verbürgt, dass dieser Satz so gefallen ist.

7 Herbert Weichmann zum Gedächtnis, hrsg. von Dr. Hans Fahning, Hamburg 1983, S. 40 ff.

8 Schmidt, Weggefährten, S. 549.

9 Hamburger Bürgerschaft, 2. Dezember 1965, Sitzungsprotokoll S. 628.

Die »Pfeffersäcke« legen sich quer

Der Bundespolitiker Schmidt und die Finanzreform

Eine Tagesordnung gab es nicht, ein Thema schon: die Finanzreform. Am Dienstag, dem 14. Januar 1969, morgens um neun Uhr, versammelten sich im Phönixsaal des Rathauses die Mitglieder des Senats mit Bürgermeister Herbert Weichmann. Mit dabei waren unter anderem der frühere Bürgermeister Paul Nevermann, die Hamburger SPD-Bundestagsabgeordneten und ein paar handverlesene SPD-Mitglieder, die zwar kein Mandat, dafür aber besonderen Sachverstand besaßen.

Eingeladen hatte zu diesem sozialdemokratischen Konklave Helmut Schmidt, der Vorsitzende der SPD-Bundestagsfraktion. Er war der Spitzengenosse, der vor allem dafür zu sorgen hatte, dass die SPD in der Öffentlichkeit als verlässlicher Partner der Großen Koalition wahrgenommen wurde, die sie Ende 1966 mit den Unionsparteien eingegangen war.

Ende September 1969 sollte ein neuer Bundestag gewählt werden. Die Finanzreform, die Neuordnung der Finanzbeziehungen zwischen Bund und Ländern sowie den Ländern untereinander war eines der drei zentralen Projekte, auf die sich beide Seiten verständigt hatten. Das zweite, die Wahlrechtsreform mit der Einführung des Mehrheitswahlrechts, war faktisch bereits wegen erheblicher Bedenken in der SPD gescheitert, und das dritte, die Notstandsverfassung, galt in der Öffentlichkeit als äußerst umstritten und war schon aus diesem Grunde kein Vorhaben, mit dessen Umsetzung die SPD bei den Wählern Punkte sammeln konnte.

Wenn nun auch noch die Finanzreform an der SPD scheiterte, mussten die Sozialdemokraten in eine fatale Lage geraten. Wie hätten sie ihren Wählern erklären sollen, weshalb sie die Koalition mit der CDU/CSU überhaupt beschlossen hatten? Die Hamburger SPD spielte dabei insofern eine zentrale Rolle, als vor allem der Hamburger Senat das bisherige, mühsam genug zustande gekommene Verhandlungsergebnis, das am 11. Dezember 1968 vom Bundestag verabschiedete Finanzreformgesetz, ablehnte und im Bundesrat seine Zustimmung verweigern wollte. Dabei ging es nicht nur um die drei Hamburger Stimmen in der Ländervertretung, sondern vor allem um die Möglichkeit, dass dann auch andere Bundesländer, die mit diesem Gesetz ebenfalls unzufrieden waren, Nachverhandlungen mit völlig ungewissem Ausgang verlangten. Den SPD-Fraktionsvorsitzenden Helmut Schmidt trieb diese Gefahr um.

Insofern war klar: Die Bundes-SPD erwartete vom Hamburger Senat, sich nicht länger querzulegen und damit das gesamte Projekt zu gefährden. Konkret bedeutete das Zugeständnisse, die den Landeshaushalt erheblich belasten mussten. Um welche Beträge es dabei ging, hatten Experten der Finanzbehörde nach dem jeweiligen Verhandlungsstand ermittelt. Das Ergebnis war alarmierend: Es drohten für die Hansestadt Einnahmeausfälle von bis zu 440 Millionen DM. Das war rund ein Zehntel des gesamten Haushaltsvolumens.

Vor diesem Hintergrund hatte Bürgermeister Herbert Weichmann seine Entschlossenheit bekundet, Hamburgs Kasse mit aller Härte zu verteidigen. Vor einem Treffen der Länderchefs hatte er unmissverständlich erklärt: »Die Hansestadt ist gewillt, dem Bund zu geben, was des Bundes sein sollte, aber auch nicht einen Deut mehr.«[1]

Es war eine in jeder Hinsicht dramatische Situation. Der hamburgische Bundessenator Dr. Ernst Heinsen erinnerte sich: »Als Bevollmächtigter des Bundesrates hatte ich in der Plenardebatte vor dieser ›Kampfansage an den Bundesrat‹ und vor dem Scheitern der Reform gewarnt. Ich sprach in einer ausgesprochen feindseligen Atmosphäre und dementsprechend deutlich. Unter den vielen Zwischenrufen war die Stimme Herbert Wehners deutlich zu vernehmen: ›Dieses A… macht uns die ganze Reform kaputt.‹«[2]

So war die Lage, als die sozialdemokratische Morgenveranstaltung an diesem 14. Januar begann. Bürgermeister Herbert Weichmann hatte in seinem Terminkalender notiert, es finde eine Sondersitzung über die Finanzreform mit Mittagessen statt, anschließend sollte, wie an jedem Dienstag, der Senat zusammentreten.

Der ehrwürdige Phönixsaal wurde zum Schauplatz lautstarker Szenen. Der Verlauf wurde nicht protokolliert und lässt sich daher nur nach den Erinnerungen der Beteiligten rekonstruieren. Helmut Schmidt hielt zunächst ein einführendes Referat. Er sparte dabei die strittigen Sachprobleme aus, weil sie zum einen allen Teilnehmern wohlbekannt waren und weil zum anderen dafür nach der Arbeitsteilung in der Bonner SPD-Fraktionsführung der Finanz- und Haushaltsexperte Dr. Alex Möller zuständig war. Fraktionschef Schmidt konzentrierte sich auf den politischen Kern des Problems und hob das vitale Interesse der Bundes-SPD an der Verabschiedung der Finanzreform noch in dieser Legislaturperiode hervor. Mit drastischen Worten führte er der Runde vor Augen, dass nun die Glaubwürdigkeit und Verlässlichkeit der SPD als Koalitionspartner auf dem Prüfstand stehe, und er alles daransetzen werde, um ein Scheitern der Reform zu verhindern. Jedem Augenzeugen dieses Auftritts war klar, dass er damit auch einer politischen Beschädigung der eigenen Person vorbeugen wollte.

Dann begann die Diskussion. Sie verlief hart und scharf. Bürgermeister Herbert Weichmann nannte die bisherigen Zugeständnisse des Bundes an Hamburg in sarkastischer Tonlage völlig unzureichend und warnte vor den Folgen für den Hamburger Haushalt. Die Konkretisierung überließ er anderen Sitzungsteilnehmern. Deren Argumente, gerade Vorschläge aus Hamburg hätten Möglichkeiten für einen Kompromiss aufgezeigt, seien aber nicht akzeptiert worden, fegte Helmut Schmidt beiseite. Er wies die erhobenen Einwände mit großer Schärfe als nicht stichhaltig zurück und griff erregt zu einer Vokabel, mit der eigentlich nur ein bestimmter Typus hamburgischer Handelsherren charakterisiert wird: »Ihr Pfeffersäcke!« Polemisch beklagte er sich darüber, dass Hamburg auf finanziellen Vorteilen beharre, über deren Berechtigung man streiten könne, und offenbar nicht bereit sei, eines der wichtigsten Ziele der SPD auf Bundesebene zu unterstützen.

Die Stimmung war gereizt, zeitweise mehr als das. Die Mittagspause führte nicht zu einer Entspannung. Helmut Schmidt und Herbert Weichmann, die beiden unmittelbaren Kontrahenten, zogen sich zu einem Gespräch unter vier Augen zurück, das in der Laube, einem Frühstückszimmer hinter dem Sitzungssaal des Senats, stattfand. Es erreichte eine Lautstärke, die selbst im Foyer deutlich zu vernehmen war.

Nach Tisch wurde die Diskussion mit unverminderter Härte fortgesetzt. Zwar gab es zum Schluss der Sitzung keine Abstimmung, doch es zeigte sich, dass die von Helmut Schmidt vorgetragenen Argumente nicht ohne Wirkung geblieben waren. Die Bedenken und Widerstände des Bürgermeisters allerdings waren keineswegs ausgeräumt. Er hielt Konzessionen des Bundes unverändert für erforderlich und bestand darauf. Aber er geriet in eine schwierige Lage.

Zwei Wochen später, am 29. Januar 1969, stand das sperrige Thema unter dem Titel »20. Gesetz zur Änderung und Ergänzung des Grundgesetzes« auf der Tagesordnung der Bürgerschaft. Es ging nun um die konkreten finanziellen Auswirkungen, und die konnte der Verhandlungsführer des Senats, Ernst Heinsen, dem Landesparlament noch nicht darlegen, weil »das finanzielle Ergebnis [...] von einer ganzen Reihe von Faktoren abhängt, die wir heute noch nicht überschauen können.«

Die politische Gefechtslage allerdings konnte man überschauen. Finanzsenator Gerhard Brandes:

> »Hamburg bedauert den bisherigen Ablauf und das Ergebnis des Gesetzgebungsverfahrens zur Finanzreform. Es hat zu einer

> Verhärtung der Standpunkte geführt, die vermeidbar gewesen wäre. […] Es ist keineswegs die Schuld Hamburgs, wenn sich zunächst der Bundestag und anschließend als Reaktion auf die Beschlüsse des Bundestags nun eine Mehrheit von Ländern zu extremen Ausgangspositionen entschlossen haben.«[3]

Indessen zeigte sich in der Debatte der Bürgerschaft sehr deutlich, dass weder die Hamburger SPD noch die oppositionelle CDU das ganze Reformvorhaben am Widerstand des Bundeslandes Hamburg scheitern lassen wollten. Das war eine Rolle, die auch die Hamburger CDU im Interesse ihrer Wahlchancen keinesfalls zu übernehmen gewillt war. Helmut Schmidt hatte im Phönixsaal nicht vergeblich gewettert.

Gleichzeitig wusste er sehr wohl, dass er etwas für sein Verhältnis zum Ersten Bürgermeister tun müsse. Am 10. Februar 1969 schrieb er ihm:[4]

> »Lieber Herbert,
> die Tatsache, dass wir uns neulich über einige Streitfragen zum Komplex der Finanzreform in die Haare gekriegt haben, lässt auf meiner Seele zusätzlich lasten, was mich ohnehin schon belastet hatte: nämlich meine Dankesschuld für Deinen sehr freundschaftlichen und sehr klugen Brief zu meinem Geburtstag. Du hast völlig recht: Wir alle stehen als Verantwortung tragende politische Führer stets zwischen der Chance des Erfolgs und der Gefahr des Misserfolgs. Was die Aufgabe der Bezähmung der Ungeduld angeht, so hast Du durchaus recht. […] Vom Erfahrungshorizont des Lebens ungleich beeinflusst, jedoch von einem ähnlichen Temperament getrieben, werden wir beide uns noch häufig in den gleichen Situationen wiederfinden, die wir schon kennen: meistens mit gleichem Urteil für die gleiche Sache streitend – manchmal auch von verschiedenen Urteilen

aus gegeneinander streitend. Lass Dich dessen nicht verdrießen! Ich schreibe Dir dies, weil ich auch für die nächsten Wochen in Sachen Finanzreform noch Auseinandersetzungen voraussehe. Bitte sei dabei gewiss, dass es mein ganz besonderer Stolz ist, zu jener kleinen Handvoll Männer zu gehören, die den gegenwärtigen ungewöhnlich erfolgreichen und ungewöhnlich angesehenen Ersten Bürgermeister für dieses Amt vorgeschlagen haben. Der menschliche Respekt vor dem älteren Freund kommt hinzu, wie auch die Freundschaft selbst.

Mit sehr herzlichem Dank für Deine stets noble Gesinnung,

Dein Helmut«

Die Prognose, der Streit mit dem Hamburger Senat um die Finanzreform sei keineswegs ausgestanden, erwies sich als realistisch. Am 7. Februar 1969 verweigerte der Bundesrat dem vom Bundestag beschlossenen Gesetz seine Zustimmung. Nun wurden die Verhandlungen im gemeinsamen Vermittlungsausschuss fortgesetzt. Die Suche nach einem Kompromiss gestaltete sich äußerst schwierig. Das Ergebnis dieses zähen Tauziehens war, dass dem SPD-Senat unter Bürgermeister Herbert Weichmann am Ende nichts anderes übrig blieb, als die obligatorische Zerlegung der Lohn- und der Körperschaftssteuer nach dem Grundsatz »Alles für die Schlafstadt, nichts für die Arbeitsstadt« zu akzeptieren. Mit weitreichenden Folgen: Die in Hamburg angefallene Lohnsteuer von Pendlern ist seither an das Bundesland abzuführen, in dem sie ihren Wohnsitz haben. Diese Beträge gehen bis auf den heutigen Tag der Hansestadt verloren.

Der zweite Aderlass betraf, wirksam ebenfalls bis heute, die Körperschaftssteuer. Die am Sitz eines Unternehmens, in diesem Fall in Hamburg, gezahlte Körperschaftssteuer muss für deren Betriebe im Umland an das betreffende Bundesland abgeführt werden. Das war und ist eine für Hamburg und für Hessen (wegen der Bankenmetropole Frankfurt) katastrophale Regelung, gegen die sich beide

SPD-Landesregierungen bis zum Schluss erbittert gewehrt haben. Bürgermeister Herbert Weichmann erteilte seine Zustimmung auch erst, und immer noch mit größten Bedenken, nachdem die Experten der Finanzbehörde ihm neue und nicht ganz so alarmierende Zahlen über die zu erwartenden Einnahmeausfälle präsentiert hatten. Auf der Basis des Jahres 1970 mit einem Haushaltsvolumen von rund fünf Milliarden Mark ergaben sich für die Hansestadt Steuerausfälle von rund 300 Millionen Mark jährlich. Das war damals ein sehr bitterer, permanenter Aderlass, und daran hat sich bis heute nichts geändert.

Die langfristigen Folgen der Finanzreform von 1969 für die Hansestadt haben sich als so schwerwiegend erwiesen, dass der spätere Bürgermeister (von 1988 bis 1997) Henning Voscherau (SPD) die Auffassung vertreten hat, Herbert Weichmann hätte dieses für die Stadt desaströse Verhandlungsergebnis nicht akzeptieren dürfen und zurücktreten müssen. Das wäre in der damaligen Situation ein politischer Paukenschlag mit erheblichen Auswirkungen auf die Wahlchancen der SPD bei der Bundestagswahl vom 28. September 1969 und bei der Bürgerschaftswahl vom 22. März 1970 gewesen. Eine Demission zu diesem Zeitpunkt und aus diesem Anlass hätte dem Pflichtgefühl Herbert Weichmanns widersprochen.

Am 9. Dezember 1969 nahm die Bürgerschaft einstimmig eine Empfehlung des Haushaltsausschusses an, die Drucksache Nr. 1895 »zur Kenntnis zu nehmen und für erledigt zu erklären«. Thema dieser Drucksache waren »die Auswirkungen der Finanzreform«. Parlamentarisch war das Thema Finanzreform damit erledigt – nur für den Haushalt bis heute nicht.

Die aktuellen Zahlen zeigen: Bei einem Haushaltsvolumen von derzeit rund zwölf Milliarden Euro gingen Hamburg im Jahr 2014 Lohnsteuereinnahmen von rund 1,7 Milliarden Euro verloren, die in andere Bundesländer überwiesen werden mussten; profitiert haben im Wesentlichen die Bundesländer Schleswig-Holstein und Niedersachsen. Bei der Körperschaftssteuer war der Einnahmeverlust zwar mit 116 Millionen Euro sehr viel geringer, aber auch dieses Geld fehlt im Hamburger Haushalt.

Das ist die bittere Realität, und Helmut Schmidt hat seinen Anteil daran. Er hat das in seinen Büchern und Interviews nie thematisiert. Aus seiner Sicht handelte es sich zweifellos um einen normalen Vorgang, dass ein Spitzenpolitiker aus Gründen seiner übergeordneten Verantwortung daran gehindert ist, spezielle und aus seinem Werdegang resultierende Rücksichten zu nehmen. Das ist zu respektieren, eine Arbeit über Helmut Schmidt und seine Heimatstadt Hamburg kann dieses Thema jedoch nicht umgehen.

Anmerkungen

1 »Weichmann warnt vor Ministerialbürokratie«: »Hamburger Abendblatt«, 13. September 1967.

2 Im Gespräch mit dem Verfasser, September 1999.

3 Hamburger Bürgerschaft 29. Januar 1969, Sitzungsprotokoll S. 3452.

4 Nachlass Professor Dr. Herbert Weichmann, Staatsarchiv Hamburg.

Weltpolitik im Reihenhaus

Der Bundeskanzler lädt ein nach Langenhorn

Helmut Schmidt hat den liebenswerten politischen Provinzialismus der Hansestadt immer wieder kritisiert. Als Bundeskanzler hat er konsequent jede Gelegenheit genutzt, um Staatsgäste nach dem offiziellen Besuchsprogramm in Bonn zu einem Abstecher nach Hamburg einzuladen und seine Vaterstadt an der »großen Politik« teilhaben zu lassen. Zugleich konnte er prominente Persönlichkeiten als Ausweis besonderer Wertschätzung zu sich nach Hause bitten – in die Hamburger Privatwohnung am Neubergerweg in Langenhorn.

Das war nicht nur eine Geste persönlicher Sympathie. Darin lag auch Kalkül, denn in dieser intimen, zwanglosen Atmosphäre konnte man schwierige politische Themen besser vertiefen, als dies am offiziellen Bonner Verhandlungstisch möglich war. Kritik daran, dass der Kanzler Hamburg zur »heimlichen Hauptstadt« erhebe, wie es verschiedentlich sauertöpfisch in der Bundeshauptstadt hieß, haben Helmut und Loki Schmidt gelassen ignoriert.

Am 4. Mai 1978 traf der sowjetische Staats- und Parteichef Leonid Breschnew (1906 – 1982) zu einem Staatsbesuch in der Bundesrepublik ein. Das beherrschende Thema war die Rüstungspolitik. Die deutschen Gastgeber, allen voran der Bundeskanzler, waren seit geraumer Zeit besorgt über die sowjetische Überlegenheit bei den Mittelstreckenraketen und sahen darin ein beunruhigendes Erpressungspotenzial.

Als erster westlicher Staatsmann hatte Helmut Schmidt 1977 auf die Gefahren für das Rüstungsgleichgewicht durch die neuen Mittelstreckenraketen SS-20 der Sowjetunion hingewiesen. Er befürchtete, die Fähigkeit der Sowjetunion, Westeuropa atomar angreifen zu

Helmut Schmidt war von Anfang an ein begeisterter Wahlkämpfer – und als Bundeskanzler bekennender Hanseat.

können, ohne dabei die USA als Schutzmacht Europas in Mitleidenschaft zu ziehen, könnte auf Dauer zu einer Entkoppelung der amerikanischen von den europäischen Sicherheitsinteressen führen. Er drängte daher auf den sogenannten Nato-Doppelbeschluss, der die Aufstellung von Mittelstreckenraketen in Westeuropa vorsah, dies aber mit einem Verhandlungsangebot an die Sowjetunion verband, beiderseits auf diese Waffensysteme zu verzichten.

Die Verhandlungen über dieses schwierige Thema verliefen hart und zäh. Immerhin gaben sie beiden Seiten Gelegenheit, ihre Positionen detailliert zu begründen und die Haltung der Gegenseite besser zu verstehen. Das war bei einer so komplizierten Materie von entscheidender Bedeutung.

Helmut Schmidt hatte zu Breschnew ein gutes persönliches Verhältnis, das sich aus ihrem ersten Zusammentreffen in Bonn im Mai 1973 entwickelt hatte. Der damalige Bundeskanzler Willy Brandt hatte in seiner Amtswohnung ein Abendessen für sowjetische und deutsche Spitzenpolitiker gegeben, an dem Schmidt als Bundesfinanzminister teilgenommen hatte. Breschnew war bei dieser Gelegenheit in einen längeren Monolog über die Leiden der Völker der Sowjetunion während des Zweiten Weltkriegs verfallen, den er als Generalmajor und Politkommissar der 18. Armee in der Ukraine miterlebt hatte. Er schilderte der Tischrunde sehr emotional die Gräuel des Krieges und die verbrecherischen Untaten der Deutschen, die für ihn nach der Erinnerung Schmidts nur »die faschistischen Invasoren« oder »die faschistischen Soldaten« waren. Man hörte ihm schweigend und sehr lange zu.

Helmut Schmidt hatte unterdessen seine eigenen Erlebnisse an der Ostfront vor Augen. In seinem Erinnerungsbuch »Menschen und Mächte« schrieb er über diesen denkwürdigen Abend:

> »Breschnew hatte recht: Der Krieg war schrecklich gewesen, und wir Deutschen hatten ihn in sein Land getragen. Aber er hatte zugleich unrecht in seiner Einseitigkeit; nicht nur deutsche, sondern auch russische Soldaten hatten Gräueltaten an ihren damaligen Feinden begangen. Und er hatte unrecht, wenn er in den ehemaligen deutschen Soldaten Faschisten sah. Die große Masse deutscher Soldaten, ihre Unteroffiziere, Offiziere und Generale waren so wenig Nazis gewesen wie die große Masse unserer damaligen Feinde Kommunisten; auf beiden Seiten hatte man geglaubt, seinem Vaterland dienen und es verteidigen zu müssen.«[1]

Schmidt entschloss sich an diesem Abend zu einer Erwiderung, die ausdrücklich keine Entgegnung im Sinne einer Kontroverse sein sollte. Er schilderte Breschnew und Außenminister Gromyko die Situation seiner Generation, der jungen deutschen Soldaten, von denen die wenigsten, die an den »Führer« geglaubt hätten, Nazis gewesen seien. Jedoch habe die große Mehrheit es als ihre Pflicht empfunden, die Befehle ihrer militärischen Vorgesetzten zu befolgen. Er wies Breschnew auf die Offiziere des Widerstands hin, auf das Sterben in den zerbombten Städten, auf die Ungewissheit über das Schicksal der Eltern, der Frauen und Kinder zu Hause, auf das Elend der Flüchtlinge und auf die Schizophrenie, in der die jungen Soldaten sich befanden: »Während wir nachts Hitler und den Krieg verfluchten, erfüllten wir tagsüber als Soldaten unsere Pflicht.«[2]

Seine Wahrnehmung war, dass Breschnew ihm jedenfalls aufmerksam zuhörte. Der Abend verlief freundlich, wie der ganze Besuch. Breschnew hinterließ ein Erinnerungsstück der besonderen Art – eine handschriftliche Notiz, in der er den Bundesfinanzminister Helmut Schmidt um die »Bewilligung zusätzlicher Mittel« ersuchte, »damit wir weitertrinken können«.

Dieser Besuch fünf Jahre zuvor war der Hintergrund für Schmidts Einladung 1978, der Gast aus Moskau möge den Staatsbesuch in der Bundesrepublik mit einem Abstecher nach Hamburg ausklingen lassen. Das sollte persönliches Vertrauen zum Ausdruck bringen und wurde wohl auch so verstanden. Breschnew setzte sich über den Rat seines Stabes hinweg, der gegen diese Einladung war und schon gar nicht den mächtigsten Mann des Ostblocks in einer Bundeswehrmaschine vom Typ Boeing 707 von Köln-Wahn nach Hamburg fliegen lassen wollte, zeitweise abgeschnitten von den Kommunikationslinien zum Oberkommando in Moskau.

In Hamburg wurden Leonid Breschnew und seine Delegation im Senatsgästehaus untergebracht, der Kreml-Chef wurde von Bürgermeister Hans-Ulrich Klose mit allen protokollarischen Ehren im Rathaus begrüßt, trug sich in das Goldene Buch ein, er besuchte in Eppendorf die Gedenkstätte für den früheren KPD-Vorsitzenden Ernst Thälmann (1886–1944) und fuhr dann weiter nach Langenhorn. Helmut und Loki Schmidt erwarteten die sowjetischen Gäste, aber auch Ex-Kanzler Willy Brandt, Bundesaußenminister Hans-Dietrich Genscher und Egon Bahr, den Architekten der so-

Hohe Gäste im Privathaus Schmidt: Leonid Breschnew und Willy Brandt mit Entourage.

zialliberalen Ostpolitik, zu einem sehr hanseatischen Mittagessen: Spargel mit Schinken, als Dessert Rumtopf.

Helmut Schmidt hat die gelöste und dennoch ernsthafte Atmosphäre beschrieben, in der dieser private Besuch stattfand:

> »Natürlich fing es, kaum dass wir in unserem Wohnzimmer angekommen waren, mit Wodka an, diesmal mit polnischem Zubrowka, den mir Edward Gierek [der Vorsitzende der polnischen Arbeiterpartei, d. Verf.] geschenkt hatte und der Breschnew besonders gutzutun schien. Meine Wohnung ist mit Büchern gut gefüllt; plötzlich bemerkte jemand, dass Breschnew sich in einen Sessel direkt unter die vierzig Bände der gesammelten Werke von Marx und Engels gesetzt hatte. Großes Gelächter, sogar Gromyko schmunzelte.«[3]

Außer Edward Gierek hatten die Schmidts bislang nur den amerikanischen Außenminister Henry Kissinger und den französischen

Staatspräsidenten Giscard d'Estaing privat willkommen geheißen. Beide waren persönliche Freunde des Hausherrn.

Die sowjetischen Gäste waren nicht nur zum Small Talk gekommen. Sie wollten auch in diesem privaten Rahmen weiter über Politik reden – über die Möglichkeiten für einen Truppenabbau in Europa, aber auch über die Beziehungen der Bundesrepublik zur DDR und zur Volksrepublik China. Die Folge war, dass sich der Gastgeber Helmut Schmidt mit Breschnew und den beiden Außenministern Gromyko und Genscher und den beiden Dolmetschern für eine Stunde in sein kleines Arbeitszimmer zurückzog, in dem es nur drei Sitzgelegenheiten gab, was dazu führte, dass Genscher auf einer Bücherleiter hockte und die beiden Dolmetscher stehen mussten. Es ging noch einmal hart zur Sache, keine Seite gab nach, aber menschlich kam man sich dennoch näher. Der Hausherr griff, wenn er seinen Gästen geostrategische Überlegungen erläutern wollte, zu einem kleinen Globus auf seinem Schreibtisch, den er von Loki geschenkt bekommen hatte.

Nach diesem Intermezzo kehrten die Diskutanten an die Tafel zurück, und es wurde eine, wie Schmidt sich erinnerte, »ziemlich fröhliche Runde«. Aber selbst in dieser aufgelockerten Stimmung kamen ungewöhnliche Dinge zur Sprache. So wollte Leonid Breschnew von seinen Gastgebern wissen, wo die Absperrung der Wohnsiedlung am Neubergerweg verlaufe. Er ging davon aus, dass der deutsche Bundeskanzler, so wie die Führung in den kommunistisch beherrschten Ländern, doch in einem besonders gesicherten Bereich wohnen müsse. Eine zwar geschützte, im Übrigen aber öffentlich zugängliche Wohnsituation des Regierungschefs vermochte er sich nicht vorzustellen, schon gar nicht angesichts der Gefährdung der deutschen Politiker durch den RAF-Terror. Seit dem Mordfall Schleyer war erst ein halbes Jahr vergangen.

Auch mochte der sowjetische Gast »nicht so recht glauben, dass die Siedlung der Neuen Heimat, zu der mein Reihenhaus gehört, überwiegend von kleinen Leuten bewohnt wird; die Eigenheime mit Garagen und den Gärtchen vor der Haustür kamen ihm wohl für normale Facharbeiter und Angestellte zu luxuriös vor.«[4]

Breschnew war zu diesem Zeitpunkt bereits sehr krank und benötigte eine Spritze, die sein Leibarzt ihm im Badezimmer der Gastgeber verabreichte und anschließend in einem dort befindlichen Abfallbehälter entsorgte. Da in der Politik und besonders in Diktaturen der Gesundheitszustand von Regierungschefs ein in der Regel streng gehütetes Politikum ist, lag in diesem Vorgang ein Vertrauensbeweis gegenüber den Gastgebern, wie Loki Schmidt befand.

Helmut und Loki Schmidt hatten im Übrigen kein Problem damit, ihren Gästen zu zeigen, dass ihr Lebensstil und ihre Wohnsituation alles andere als luxuriös waren. Natürlich, sie waren längst »arriviert«, doch Langenhorn war kein hamburgischer Nobelvorort. Loki Schmidt hat dem Autor Reiner Lehberger auf die Frage: »Warum wohnt Familie Schmidt nicht an der Alster oder an der Elbe?«, mit einer für sie und ihren Mann typischen Gegenfrage geantwortet: »Warum sollten wir an der Alster oder an der Elbe wohnen, wo wir hier doch so schön wohnen?«[5]

Bei dieser Haltung blieb das Ehepaar Schmidt auch dann, wenn die Gäste ein sehr viel anspruchsvolleres Ambiente gewohnt waren. Das Ehepaar Giscard und Anne-Aymone d'Estaing blieb sogar über Nacht und wurde im Gästezimmer einquartiert. Giscard war, nach eigenem Bekunden, »das erste Mal […] überrascht gewesen über die Einfachheit und die natürliche Bescheidenheit des Wohnhauses der Schmidts. Keinerlei Prunk oder Luxus schmückte das Heim des Bundeskanzlers, und doch wirkte es gleichzeitig sehr gepflegt und schön gehalten. Ich weiß noch, dass ich damals dachte, das Haus gleicht seinem Herrn: norddeutsch und authentisch.«[6]

Ähnlich unprätentiös verlief im April 1977 der Besuch des spanischen Königspaares. König Juan Carlos und Königin Sofia kamen im Rahmen eines Staatsbesuches auch nach Hamburg, wurden im

Rathaus nach allen Regeln des Protokolls willkommen geheißen und waren, begleitet von Helmut und Loki Schmidt, Ehrengäste der Staatsoper. Nach der Aufführung fragten die Schmidts Juan Carlos und Sofia, ob sie geneigt wären, einer Einladung zum Abendessen bei ihnen zu Hause zu folgen, und als sie dies bejahten, ließen beide Ehepaare den Opernabend im privaten Rahmen ausklingen. Man trennte sich weit nach Mitternacht. Als die Gäste sich verabschiedeten, applaudierten einige Nachbarn der Schmidts, die auf Klappstühlen ausgeharrt hatten, um das Königspaar aus unmittelbarer Nähe zu sehen.[7]

Als ein Jahr später, am 7. Mai 1978, Kreml-Chef Leonid Breschnew, Andrej Gromyko und ihre Begleitung aufbrachen, ließen die Sicherheitsmaßnahmen solchen direkten Kontakt der Nachbarn nicht zu. Der Kanzler begleitete seine Gäste zum Flughafen. Auf dem Rollfeld hatte sich eine Ehrenformation der Bundeswehr postiert. Es war ein stürmischer Frühlingstag, und Leonid Breschnew musste mit beiden Händen seinen Hut festhalten, als er die Front der Soldaten abschritt. Der Abschied war über die protokollarische Höflichkeit hinaus herzlich.

Wie weltpolitisch bedeutsam dieser Besuch aber gewesen war, zeigte sich noch am selben Abend. Helmut Schmidt ließ sich mit dem Weißen Haus in Washington verbinden und berichtete dem US-Präsidenten Jimmy Carter aus erster Hand über den Verlauf der Gespräche mit Breschnew. Dessen »gesundheitlicher und psychischer Zustand« habe nachgelassen, jedoch müsse man wohl davon ausgehen, dass er vorerst weiterhin die bestimmende Figur im Politbüro der sowjetischen KP sei und daher auch die »Grundlinien der sowjetischen Politik« bestimmen werde.[8]

Auf deutscher Seite hatte man gleichwohl den Eindruck, dass sich das politische Terrain in der Führung der Sowjetunion verändert hatte. Der »militärisch-industrielle Komplex«, das auf gleichgerichteten Interessen basierende Bündnis zwischen den führenden Militärs und der Rüstungsindustrie, schien mächtiger geworden zu sein. Die Gespräche am Neubergerweg hatten sich als hilfreich erwiesen, um diese Verschiebungen politisch zu vermessen.

Anmerkungen

1 Helmut Schmidt: Menschen und Mächte, Berlin 1987, S. 19ff.

2 Ebd., S. 18ff.

3 Ebd., S. 96ff.

4 Ebd.

5 Loki Schmidt / Reiner Lehberger: Auf einen Kaffee mit Loki Schmidt, Hamburg 2010, S. 113ff.

6 Jens Meyer-Odewald: Helmut und Hannelore Schmidt. Ein Leben, Hamburg 2011, S. 154.

7 Reiner Lehberger: Loki Schmidt – Die Biographie, Hamburg 2014, S. 230ff.

8 Hartmut Soell: Helmut Schmidt – Macht und Verantwortung, München 2008, S. 726ff.

Loki – Halt und Rückhalt

Immer an seiner Seite: Hannelore Schmidt

So fürsorglich und warmherzig Loki Schmidt als Gastgeberin im eigenen Hause war, so souverän bewegte sie sich auf dem glatten politisch-diplomatischen Parkett. Im klatschsüchtigen Bonn gab es genug Zaungäste, die ihr Auftreten beobachteten und ihr gern Defizite im gesellschaftlichen Umgang angekreidet hätten, auch um damit indirekt Helmut Schmidt zu beschädigen. Über fünfzehn Jahre stand er als Bundespolitiker im öffentlichen Scheinwerferlicht, am prominentesten natürlich als Bundeskanzler von 1974 bis 1982. Aber Loki Schmidt bot keinen Anlass für Kritik.

Sie machte einfach eine gute Figur und fand rasch einen ganz eigenen Kontakt zu den Persönlichkeiten, denen sie durch ihren Mann begegnete. Papst Johannes Paul II. empfing sie im Vatikan in einer Privataudienz, in Tokio begegnete sie Kaiser Hirohito und Kaiserin Kojun, der früheren Prinzessin Nagako, in Peking erlebte sie den Ministerpräsidenten Tschou En-lai und dessen Ehefrau bei einem festlichen Abendessen, und im Weißen Haus traf sie mehrfach US-Präsidenten und deren Ehefrauen, so Gerald und Betty Ford und Jimmy und Rosalynn Carter. Sogar hier im Entscheidungszentrum einer Weltmacht bewegte sie sich mit einer selbstverständlichen Sicherheit, als sei sie in diesem diplomatischen Ambiente groß geworden. Die hartgesottenen Korrespondenten, in Washington akkreditiert, nahmen das mit Respekt zur Kenntnis.

Gewiss, sie hatte stets ihren Ehemann neben sich, wenn sie die Mächtigen dieser Welt traf, ob in Washington, Peking oder Moskau, wo sie die gesamte sowjetische Führungsspitze erlebte, ob in London, wo sie die »Eiserne Lady« Margaret Thatcher kennenlernte, ob in Paris, im niederländischen Schlösschen Huis ten Bosch bei Königin

Beatrix und Prinz Claus oder daheim in Bonn und Berlin, als Gastgeberin der berühmten Kanzlerfeste oder wenn es galt, hochgestellte Staatsgäste wie die Queen und Prinz Philip willkommen zu heißen. Sie wurde als die Ehefrau eines mächtigen und machtbewussten Politikers nicht nur akzeptiert, sondern geschätzt, auch weil sie sich stets gut informiert zeigte und in schwierigen Situationen, die selbst das sorgfältigste Protokoll nicht immer verhindern kann, natürlich und geistesgegenwärtig reagierte. So kam es, dass sie im Lauf der Jahre als eigenständige Persönlichkeit an Profil gewann und selbst zu Prominenz gelangte, und zwar auch international. Ihre Rolle als engagierte Naturschützerin und die entsprechenden Netzwerke kamen hinzu.

Loki Schmidt gehörte nicht zu den Frauen, denen Regeln der Etikette in die Wiege gelegt wurden. Eine Folge ihrer Herkunft aus einer armen, kulturell sehr aufgeschlossenen, im Übrigen aber unpolitischen Arbeiterfamilie war, dass sie sich in ihrem Leben alles hat hart erarbeiten müssen, und die politisch-gesellschaftliche Parkettsicherheit gehörte dazu. Man muss sich dabei ihre Startbedingungen vor Augen halten – ihren beruflichen Werdegang als junge Lehrerin, ihre Rolle als Ehefrau und Mutter, die ihren halbverhungert aus dem Krieg heimgekehrten Ehemann mühsam wieder zu Kräften brachte, damit er überhaupt studieren konnte, und das alles im Wesentlichen finanziert von ihrem schmalen Gehalt als Volksschullehrerin. Ihr Leben in den ersten Nachkriegsjahren hat sie mit einem Satz prägnant beschrieben: »Ich hatte nicht eine Minute Zeit neben Beruf und Haushalt und Säugling.«[1]

Beruf – das war ein kräftezehrender Unterricht zunächst in dem Kinderheim »Landhaus Freude«, das vor dem Krieg in den Harburger Bergen für schwer erziehbare Kinder eingerichtet worden war und nun zusätzlich als Sammelbecken für Waisenkinder und Halbwaisen im Alter von drei bis vierzehn Jahren diente. Loki Schmidt: »Der Unterricht verlief mitunter aufregend. Einmal musste ich einem Jungen ziemlich energisch das Kartoffelschälmesser wegnehmen, das er mir in den Magen stoßen wollte.«[2] In den Volksschulen in Fischbek und in Othmarschen unterrichtete sie überfüllte Klassen mit häufig mehr als fünfzig Kindern und bemühte sich mit Erfolg um einen Unterricht, der ihnen nicht nur Kenntnisse, sondern auch Zuwendung vermittelte. Sie war beliebt als Lehrerin.

Der Haushalt – das hieß in den ersten Nachkriegsjahren Mangel an Nahrungsmitteln, an Brennmaterial, an Wohnraum, an elektrischer Energie. Auch daran hat Loki Schmidt sich immer wieder erinnert: »[...] habe ich im Herbst Pilze oder Kiefernzapfen für den Herd gesammelt. Manchmal suchte ich auf den abgeernteten Äckern auch nach Kartoffeln. Ich habe von meinem Schulweg immer irgendwas mitgebracht, was wir gebrauchen konnten.«[3]

Schließlich die Tochter Susanne, am 4. Mai 1947 geboren. Da Loki Schmidt zunächst niemanden hatte, der auf das Kind achtgeben konnte, nahm sie ihre Tochter mit in die Schule. Faktisch war sie auch später eine alleinerziehende Mutter, denn seine Vaterrolle konnte Helmut Schmidt kaum wahrnehmen.

Betrachtet man die Jahre der jungen Familie Schmidt, so war Loki als Ehefrau und Mutter einfach für alles im täglichen Leben zuständig. Am Aufstieg ihres Mannes hatte sie schon allein deshalb einen großen Anteil, weil sie ihm den Rücken freihielt. Sie hat die Familie und auch das Geld zusammengehalten. Ihre Sparsamkeit (lange führte sie penibel Buch über die täglichen Ausgaben und konnte später genau sagen, dass 1953 eine Tafel Schokolade 1,10 DM kostete) war sicherlich eine Voraussetzung dafür, dass sich die Lebensumstände der Familie schrittweise verbesserten: im Mai 1952 mit der ersten eigenen Wohnung am Schwalbenplatz in Barmbek, im Juni 1958 mit dem Erwerb des Feriengrundstücks am Brahmsee in Schleswig-Holstein – es kostete 33 000 Mark – und im Dezember 1961 mit dem Haus am Neubergerweg in Langenhorn. Das alles belastete das Familieneinkommen erheblich und wäre sicherlich ohne

Lokis Umsicht in finanziellen Dingen und ohne ihr Einkommen als Lehrerin nicht zu schultern gewesen.

Loki Schmidt hätte gern vier, fünf oder gar sechs Kinder gehabt. Aber sie hatte mehrere Fehlgeburten, vielleicht auch eine Folge der permanenten Überbelastung. Das alles führte dazu, dass in den sechziger Jahren für sie »Schwächen des Körpers und der Seele zusammenkamen. Das war keine leichte Zeit.«[4] Sie erlitt einen Herzanfall, musste mit einer Gelbsucht fertig werden, und der Verdacht auf einen bösartigen Brusttumor belastete sie zusätzlich. Probleme in ihrer Ehe kamen hinzu. Helmut Schmidt war inzwischen aus dem Hamburger Senat ausgeschieden und auf die Bonner Bühne zurückgekehrt – mit Folgen für das Verhältnis der Eheleute.

Zwei gemeinsame Reisen im Sommer 1966, an denen auch Tochter Susanne teilnahm, die eine nach Israel, die andere in die Tschechoslowakei, nach Polen und in die Sowjetunion, wurden in den Medien sehr aufmerksam verfolgt und überlagerten die öffentlichen Spekulationen über eine Ehekrise. Doch die Bilder dieser Reisen, aufgenommen von Axel Springer jr., der sich als Sven Simon einen Ruf als exzellenter Fotograf erarbeitet hatte und Loki Schmidt aus seiner Schulzeit kannte, zeigen deutlich: Es ging ihr nicht gut.

Seit dem Februar 1966 war Loki Schmidt krankgeschrieben. Nach einigem Hin und Her vereinbarte sie im Juni 1968 mit ihrem Arbeitgeber, der Hamburger Schulbehörde, sich bis Ende 1969 ohne Bezüge beurlauben zu lassen. 1972 lehnte der Senat eine Verlängerung dieses Urlaubs ab, was dazu führte, dass Loki Schmidt aus dem Schuldienst entlassen und ihre Pensionsansprüche, knapp 53 500 DM, ausbezahlt wurden.[5]

Zu diesem Zeitpunkt war Loki Schmidt bereits in Bonn auf dem politisch-gesellschaftlichen Parkett etabliert. Als feststand, dass Helmut Schmidt in der ersten sozialliberalen Bundesregierung unter Kanzler Willy Brandt das Verteidigungsministerium übernehmen sollte (er wurde am 22. Oktober 1969 vereidigt), hatte Loki Schmidt

Helmut Schmidts Liebe zur Musik ist bekannt – früher auch aktiv als Pianist.

sich entschieden, ihm zu folgen: »Wir waren beide der Meinung, nun haben wir lange genug getrennt gelebt. Ein Verteidigungsminister kann eine Frau an seiner Seite auch ganz gut gebrauchen.«[6]

Auf eigene Erfahrungen konnte sie kaum zurückgreifen, als sie im Oktober 1969, ein halbes Jahr nach ihrem fünfzigsten Geburtstag, das Bonner Terrain betrat. Nun bezogen die Schmidts den Bungalow auf der Bonner Hardthöhe, die Ministerwohnung im Bundesverteidigungsministerium mit seinen rund 3500 Mitarbeitern am südwestlichen Bonner Stadtrand. Und nun musste sie repräsentieren, ob sie wollte oder nicht – nach innen gegenüber der Leitungsebene des Ministeriums und der Bundeswehrführung, nach außen gegenüber der Protokollabteilung des Ministeriums, wurde mit »Gnädige Frau« angeredet und war von jungen Ordonnanzen umgeben.

Für ihre neue Rolle brachte sie vier unerlässliche Voraussetzungen mit: gesunden Menschenverstand, ein selbständiges Urteil, einen natürlichen, höflichen Umgang und ein sicheres Takt- und Stilgefühl. Dass man, wenn etwas reibungslos ablaufen soll, am besten nichts dem Zufall überlässt, gehörte schon früher zu ihren Lebenserfahrungen. Daneben bemühte sie sich, auch Hilfestellung zu geben, wenn Soldaten und Beamte wegen der häufigen Versetzungen familiäre Probleme hatten.

In die knapp drei Jahre auf der Hardthöhe fiel Ende November 1971 ihre erste offizielle Auslandsreise an der Seite ihres Mannes. Wenn die Bundesrepublik Deutschland ihre Minister auch schon damals nicht gerade üppig besoldete, so bot sie ihnen doch jedenfalls bei Dienstreisen einen hohen Komfort. Es war ein bequemer Flug in der Boeing 707 der Bundesluftwaffe nach Thailand, Japan, Australien, Neuseeland und Hawaii, dann zurück über Alaska, Grönland und Skandinavien nach Deutschland. Fast 50 000 Kilometer in sechzehn Tagen.

Die Zeit auf der Hardthöhe behielt Loki Schmidt in guter Erinnerung – auch deshalb, weil sie in diesen knapp drei Jahren gelernt hatte, politische Vorgänge realitätsnah zu analysieren und zu bewerten. Selbst für die Ehefrau eines Spitzenpolitikers war dies ungemein wichtig, um sich auf dem Bonner Parkett zu behaupten. Das zeigte sich besonders deutlich, als Helmut Schmidt nach dem Rücktritt des Wirtschafts- und Finanzministers Karl Schiller am 7. Juli 1972 dessen Nachfolge antrat und damit zum mächtigsten Minister unter Willy Brandt avancierte; im Dezember 1972 übernahm er das Finanzministerium.

Für Loki Schmidt verringerten sich damit die Repräsentationspflichten drastisch. Sie hatte nun Zeit, um ein Projekt in Angriff zu nehmen, mit dem sie sich schon auf der Hardthöhe beschäftigt hatte. Helmut Schmidt war vor dem Hintergrund seiner Erfahrungen während der Hamburger Flutkatastrophe sehr besorgt darüber, dass es in der Bundeshauptstadt keinerlei Vorbereitungen gab, um mit einem Großkatastrophenfall fertig werden zu können. Also sorgte er dafür, dass im Bundesverteidigungsministerium ein Katastrophendienststab aufgebaut wurde. Dabei zeigte sich, dass im Ernstfall ein Mangel an Krankenschwestern in den Krankenhäusern herrschen würde. Loki Schmidt, handfest wie sie war, nahm das zum Anlass, eine mehrere Wochen dauernde Schwesternausbildung zu absolvieren, auch um ein Beispiel zu geben. Zum Abschluss absolvierte sie ein Krankenhauspraktikum in der Chirurgie des Bonner St. Petrus-Krankenhauses. Als »Schwesternhelferin Hannelore« versorgte sie die Patienten, die nicht ahnten, wer ihnen die Medikamente verabreichte. Eine Pressekonferenz, in der über ihr Praktikum berichtet wurde, veranstaltete das Krankenhaus erst am Ende dieser vier Wochen.

Als Beamte des Bundeskriminalamtes wenig später, am 24. April 1974, in Bad Godesberg den Kanzleramtsreferenten Günter Guillaume und seine Ehefrau unter dem dringenden Verdacht der Spionage für die DDR festnahmen, kam es zu einer schweren Regierungskrise. Ein Spion als Kanzlerreferent – niemand hätte das für möglich gehalten.

Loki Schmidt war ziemlich unempfänglich für das Willy Brandt zugeschriebene Charisma. Ihrem Biografen Reiner Lehberger bekannte sie: »Ich habe nie für Willy Brandt geschwärmt. Ich habe ihn immer eher für einen Visionär gehalten, der nicht mit beiden Füßen fest auf dem Boden steht.«[7]

Helmut Schmidt drängte Brandt, nicht zurückzutreten: »Wegen dieser Lappalien kann ein Bundeskanzler sein Amt nicht aufgeben!«[8] Ihm war klar, dass er die Nachfolge antreten sollte – eine Aussicht, die für ihn höchst unbehaglich war: »[…] hatte ich deutlich empfundene Angst vor der Verantwortung, die das Amt des Kanzlers mit sich brachte. Ich hatte mir zwar den Fraktionsvorsitz, die Hardthöhe und auch das Finanzministerium durchaus zugetraut, aber das Palais Schaumburg erschreckte mich.«[9]

Loki Schmidt hingegen war von solchen Zweifeln frei. Die Frage, ob sie ihrem Mann damals das Amt des Bundeskanzlers zugetraut habe, hat sie später mit einem einfachen »Ja« beantwortet, und zwar, wie sie hinzufügte, »ohne Wenn und Aber«.[10]

Die endgültige Entscheidung, das Wagnis der Kanzlerschaft einzugehen, trafen Helmut und Loki Schmidt in einem nächtlichen Gespräch in ihrer Wohnung in der Bonner Schedestraße. Am 16. Mai 1974 wurde Helmut Schmidt zum fünften Bundeskanzler gewählt. Dieser Tag bedeutete auch für Loki Schmidt, die die Wahl mit Tochter Susanne auf der Besuchertribüne des Bundestages verfolgte, eine tiefe Zäsur.

Nun war sie endgültig eine Person des öffentlichen Lebens. Zwar enthält das Grundgesetz nichts über die Rolle der Ehepartner des Bundeskanzlers, aber es gibt eine normative Kraft des Faktischen, vor allem im Hinblick auf karitative Aufgaben. Loki Schmidt, die schrittweise in die Rolle einer »Staatsperson« hineingewachsen war, brauchte in dieser Hinsicht nicht lange zu überlegen: Sie kümmerte sich um Schulen und Einrichtungen für geistig und körperlich Behinderte.

Mit dem Wechsel ins Kanzleramt hatte sich ihre Rolle insgesamt vollkommen verändert. Als Ehefrau des Regierungschefs begegnete man ihr anders als vorher, distanzierter, respektvoller, formeller. Sie selbst verstand sich durchaus auf einen Tonfall, der bei den Journalisten ankam. Sogar das Risiko der Selbstironie ging sie dabei gelegentlich ein. Insgesamt war sie gleichwohl »viele Jahre die Frau des Bundeskanzlers und nicht in erster Linie ich selber«.[11]

Vor allem im Ausland erforderte das große Sorgfalt. Auch ein ganz normales Damenprogramm während eines Staatsbesuchs konnte seine Tücken haben: »Bei Besuchen in Amerika geschah es dann oft, dass plötzlich jemand aufstand und eine Rede hielt. Ich als Gast musste selbstverständlich antworten. Aus dem Stegreif, mit meinem Micker-Englisch.«[12] Dabei war ihr Englisch sehr gut, sie konnte fließend formulieren.

Um ihre neue Rolle als Ehefrau des Bundeskanzlers sinnvoll auszufüllen, entfaltete Loki Schmidt eine rege Tätigkeit als Hausherrin. Journalistinnen, Diplomatinnen und andere Besuchergruppen bat sie zur zwanglosen Geselligkeit in den Kanzlerbungalow, und die Liebe der Schmidts zur Musik fand ihren Ausdruck in häufigen Hauskonzerten namhafter Künstler. Gern besuchte sie die Konzerte renommierter Orchester in der Bundeshauptstadt und lud die Dirigenten und Solisten anschließend auf einen Drink in den Kanzlerbungalow ein.

Aber hier in ihrem repräsentativen Zuhause haben Helmut und Loki Schmidt auch dramatische Tage und Nächte äußerster Anspannung erlebt. So am 16. Oktober 1977, auf dem Höhepunkt der schwersten innenpolitischen Krise der Bundesrepublik, die als »Deutscher Herbst« in die Zeitgeschichte eingegangen ist. Dieser Begriff steht für die Zeit der Attentate der terroristischen Vereinigung Rote Armee Fraktion (RAF), der Ermordung des Generalbundesanwalts Siegfried Buback und der Entführung und Ermordung von Arbeitgeberpräsident Hanns Martin Schleyer. Am 13. Oktober hatten palästinensische Terroristen die Lufthansa-Maschine »Landshut« mit 86 Passagieren an Bord entführt. Die Bundesregierung hatte im Einvernehmen mit der Partei- und Fraktionsführung der oppositionellen CDU / CSU angeordnet, dass das Flugzeug durch die Eliteeinheit GSG 9 des Bundesgrenzschutzes gestürmt werden sollte. Wäre die Befreiung der Geiseln misslungen oder hätten viele Geiseln den Tod gefunden, so wäre Helmut Schmidt zurückgetreten. Ein entsprechendes Schreiben hatte er bereits vorbereitet.

Der Zugriff, die Operation »Feuerzauber«, die nur wenige Minuten dauerte, gelang am 18. Oktober kurz nach Mitternacht. Um 0.12 Uhr deutscher Zeit meldete sich der Staatsminister Hans-Jürgen Wischnewski, der die Aktion politisch begleitete, bei Helmut Schmidt mit der erlösenden Nachricht, sie sei erfolgreich verlaufen. Kurz danach begingen die in Stuttgart-Stammheim inhaftierten RAF-Terroristen Andreas Baader, Gudrun Ensslin und Jan-Carl Raspe Selbstmord.

Der »nicht erklärte Ausnahmezustand«, in dem sich die Bundesrepublik damals nach dem Urteil des Historikers Wolfgang Kraushaar befand, hat die Familie Schmidt massiv belastet. Sie wurde rund um die Uhr von Sicherheitsbeamten bewacht, auch die Wohnungen am Neubergerweg und am Brahmsee wurden mit zusätzlichen Sicherheitsmaßnahmen geschützt. Die Lage war so gefährlich, dass Helmut und Loki Schmidt sich zu einem beispiellosen Schritt entschlossen: »Bei einem nächtlichen Spaziergang durch den kleinen Park des Bonner Kanzlerbungalows [...] haben Helmut und ich abgemacht: Wenn einer von uns gekidnappt wird, [...] darf der andere keine Forderungen der Kidnapper erfüllen. Am nächsten Tag haben wir unsere Vereinbarung schriftlich niedergelegt. Anschließend war uns beiden wohler.«[13] Tochter Susanne wurde von beiden eingeweiht und bestimmte, dass diese Abmachung auch für sie gelten sollte.

Sie hatte, wie Loki Schmidt sich erinnerte, »sicher große Angst um ihre Eltern«[14] und hat auch persönliche Konsequenzen aus der Bedrohungssituation der Familie ziehen müssen. Nach dem Volkswirtschaftsstudium bewarb sie sich bei der Deutschen Bank in Celle und erhielt eine Absage: Dem Publikum seien die notwendigen Sicherheitsmaßnahmen für ihre Person nicht zuzumuten. Die Bank unterbreitete ihr alternative Angebote, darunter eine Position in London. So kam es, dass Susanne Schmidt nach England auswanderte.[15]

Wie systematisch die Rote Armee Fraktion damals das Privatleben der Familie Schmidt auskundschaftete, hat Loki Schmidt erst nach der Kanzlerzeit ihres Mannes erfahren. Ihr wurden Fotos vorgelegt, die sie beim Einkaufen zeigten, aufgenommen aus einer konspirativen Wohnung der RAF in Langenhorn.[16]

Ein Bundeskanzler mit einem randvollen Terminkalender brauchte eine Ehefrau, die ihm nicht nur den Rücken freihielt, sondern die auch die Freundschaften vieler Jahre vor dem Verdorren bewahrte. Das galt vor allem für den Freundeskreis in Hamburg, denn die Schmidts konnten während der Kanzlerjahre häufig nur für Stippvisiten in ihre Heimatstadt kommen; Freundschaften zu pflegen war unter diesen Umständen schwierig. Diese Aufgabe fiel Loki zu, die darüber zu Protokoll gegeben hat, ihr Mann brauche »eigentlich immer jemanden, der im Hintergrund die sozialen Verbindungen etwas enger knüpft«.[17]

Das betraf alte Freunde wie Erna und Gyula Trebitsch, den Filmproduzenten, der ihm den Start in die Politik erleichtert hatte, vertraute Weggefährten aus den Zeiten des SDS wie Sonja und Peter Schulz, den Bürgermeister und späteren Bürgerschaftspräsidenten, Elsbeth und Herbert Weichmann, der für Hamburg zu einem weisen Stadtpatriarchen wurde, Lilo und Siegfried Lenz, Marion Gräfin Dönhoff, Kurt Körber, den bedeutenden Industriellen und Mäzen. Mit Ausnahme von Ingrid und Hans Apel, der als Bundesminister für Helmut Schmidt zugleich ein enger politischer Vertrauter und Weggefährte war, und Friedel und Willy Berkhan stammten diese Freunde sämtlich nicht aus Hamburg, waren aber hanseatisch »assimiliert«.

Bedeutende Namen verdienen, diesem Freundeskreis hinzugefügt zu werden: Eric Warburg zum Beispiel, der Bankier und Mäzen, der dem Kanzler Helmut Schmidt 1979 für ein Treffen mit dem polnischen Staatschef Edward Gierek in Polen seine Jacht »Atalanta« zur Verfügung stellte, um einen bewussten zivilen Kontrast zu einer unseligen Vergangenheit zu demonstrieren – eine Geste, die im geschichtsbewussten Polen sehr aufmerksam registriert wurde. Karl Klasen wäre zu nennen, der Bankier und spätere Bundesbankpräsident, der hanseatische Kaufmann Alwin Münchmeyer, der Pianist Justus Frantz und mancher andere.

Helmut Schmidt hat im Nachwort seines Erinnerungsbuches »Weggefährten« einen Satz von Marie Luise Kaschnitz zitiert, der sein Verhältnis zu den Hamburger Freunden trifft: »Mit den alten Freunden hat es [...] auch etwas auf sich, die Treue, die eigene wie die fremde, rührt ans Herz, und würde sie auch nur schweigend gehalten, über Jahrzehnte und Weltmeere hinweg. Dankbarkeit ist da ein starkes Bindemittel [...].«[18]

Einer dieser alten Freunde, der Industrielle Kurt Körber, war es, der der begeisterten Naturforscherin Loki Schmidt eines Tages vorhielt: »Erzähl nicht immer was von deinen Blümchen, tu was!« Sie beherzigte den Rat, und der Prominentenstatus, auf den sie sich stützen konnte, war dabei sehr hilfreich, wie sie immer wieder betont hat. Das Ergebnis war 1976 die Gründung des Komitees zum Schutz gefährdeter Pflanzen, aus dem drei Jahre später eine Stiftung wurde.

Im selben Jahr begann sie auch zu reisen, weil sie spürte, dass sie für sich ein eigenes Betätigungsfeld finden musste, auf dem sie als eigenständige Persönlichkeit wahrgenommen wurde. Die erste ihrer insgesamt neunzehn Forschungsreisen führte sie, begleitet von Wissenschaftlern der Max-Planck-Gesellschaft, nach Kenia. Im Lake-Nakuru-Nationalpark besichtigte sie das Brutgebiet von Eisvögeln. Sie reiste nach Malaysia, nach Ecuador, Peru und Bolivien.

Loki und Helmut Schmidt pflanzen in Hamburg einen Baum. Helmut Schmidt hat das Engagement seiner Frau für die Natur stets unterstützt.

Brasilien besuchte sie mehrfach, unter anderem wegen der Schutzkonzepte für Schildkröten. Eine Orchideenexkursion führte sie nach Moskau, nach Jalta und in den Kaukasus. In Jerusalem kümmerte sie sich gemeinsam mit Friede Springer um den Botanischen Garten. In Namibia nahm sie an einer Wüstenexpedition teil, und an Bord des Forschungsschiffes »Polarstern« verfolgte sie meeresbiologische Forschungen in der Arktis und der Antarktis.

Der wissenschaftliche Ertrag dieser Expeditionen fand seinen Niederschlag in einer beeindruckenden Liste der nach Loki Schmidt benannten Pflanzen und Tiere – beginnend mit der Bromelie Pitcairnia loki-schmidtiae und dem Skorpion Tityus lokiae. Für ihre Arbeit als Naturforscherin und Naturschützerin erhielt Loki Schmidt insgesamt dreiundzwanzig Auszeichnungen und Würdigungen, die erste war 1982 die Alexander-von-Humboldt-Medaille in Gold durch die Universität Bonn.

Besonders gefreut hat sie sich über die Auszeichnungen durch ihre Vaterstadt Hamburg: 1990 wurde sie Ehrensenatorin der Hamburger Universität, 1994 verlieh der Senat ihr die Alfred-Toepfer-Medaille, 1999 den Professorentitel, und im Jahr 2000 erhielt die einstige Abiturientin der Lichtwark-Schule, die so gern Biologie studiert hätte, die Ehrendoktorwürde des Fachbereichs Biologie der Universität Hamburg. Die Verleihung der Ehrenbürgerschaft Hamburgs im Februar 2009 war für sie »die größte Auszeichnung, die einem widerfahren kann«.[19]

Helmut Schmidt hat ihre Aktivitäten im internationalen Naturschutz stets unterstützt. Er ließ sie sogar dann reisen, wenn es gute Gründe gegeben hätte, eine Reise nicht anzutreten, wie in der zweiten Septemberhälfte 1982. Damals wurde von Tag zu Tag deutlicher, dass in der sozialliberalen Koalition der Vorrat an Gemeinsamkeiten aufgezehrt war, und das Ende war nicht mehr eine Frage von Wochen, sondern nur noch von Tagen. Loki Schmidt saß auf gepackten Koffern. Sie war im Begriff, eine seit langem geplante Forschungsreise nach Brasilien anzutreten. Doch sie zögerte, bis Helmut Schmidt ihr nachdrücklich zuriet, die Reise nicht zu verschieben.

So kam es, dass sie sich am 1. Oktober, dem Tag der Abwahl des Bundeskanzlers durch ein konstruktives Misstrauensvotum der CDU/CSU und von Teilen der FDP, in Santarém weit im Norden Brasiliens befand. Dort erfuhr sie, was in Bonn geschehen war. Sie entschloss sich zur sofortigen Rückkehr, flog zunächst nach Manaus, dann nach Rio de Janeiro und von dort nach Hamburg, wo sie am 3. Oktober eintraf.

Den großen Fackelzug zu Ehren Helmut Schmidts, zu dem sich viele Hamburgerinnen und Hamburger am Vortag, dem 2. Oktober, einem Sonnabend, vor dem Haus der Familie Schmidt am Neubergerweg versammelt hatten, hat sie nicht miterlebt.

Journalisten wollten damals von Helmut und Loki Schmidt wissen, ob sie nach der Abwahl »in ein ganz tiefes Loch gefallen« seien. Lokis Antwort, sehr typisch für sie: »Darauf konnte ich nur sagen: Wir leben hier in einer Demokratie. Nach einer Wahl können sich die Verhältnisse ändern. Wieso sollte ich in ein Loch gefallen sein?«[20]

Aber natürlich war die Abwahl als Regierungschef für beide ein Vorgang, der auch emotional bewältigt werden musste. Hamburg, die Heimatstadt, die vielen Sympathiebeweise aus der Bevölkerung und die vertraute Umgebung haben Helmut und Loki Schmidt dabei sehr geholfen.

Anmerkungen

1 Loki. Hannelore Schmidt erzählt aus ihrem Leben, Hamburg 2003, S. 96.

2 Ebd., S. 93.

3 Ebd., S. 94.

4 Loki Schmidt / Reiner Lehberger: Auf einen Kaffee mit Loki Schmidt, S. 203 ff.

5 Loki, S. 63.

6 Ebd., S. 119.
7 Auf einen Kaffee mit Loki Schmidt, S. 198.
8 Schmidt, Weggefährten, S. 446.
9 Ebd.
10 Auf einen Kaffee mit Loki Schmidt, S. 197 ff.
11 Loki, S. 135.
12 Ebd., S. 130.
13 Ebd., S. 161.
14 Auf einen Kaffee mit Loki Schmidt, S. 16.
15 Ebd.
16 Ebd., S. 17.
17 Loki, S. 44.
18 Schmidt, Weggefährten, S. 559.
19 Auf einen Kaffee mit Loki Schmidt, S. 104.
20 Loki, S. 137 ff.

Der »Raketenkanzler«, in der eigenen Partei isoliert

Abschied vom Kanzleramt

Natürlich war die Abwahl des Bundeskanzlers Helmut Schmidt durch ein konstruktives Misstrauensvotum am 1. Oktober 1982 ein Vorgang, der den Regularien entsprach und nicht zu beanstanden war. Dennoch war die Empörung groß, besonders in Hamburg. Was sich da in Bonn hinter verschlossenen Türen abgespielt hatte, roch penetrant nach einer politischen Kabale, und besonders die Rolle der FDP, des bisherigen Koalitionspartners der SPD, erschien vielen Beobachtern in der Hansestadt als hochgradig intrigant. Die »Hamburger Kumpanei«, die beiden Magazine »Spiegel« und »Stern« und die Wochenzeitung »Die Zeit«, verlieh diesem Verdacht noch eine zusätzliche publizistische Breitenwirkung.

Helmut und Loki Schmidt reagierten auf den Abschied von der Macht, auf die Aufgabe von Insignien und Privilegien, äußerlich gelassen. Aber die Amtsübergabe im Palais Schaumburg und der Auszug aus dem Kanzlerbungalow war für beide doch ein Vorgang, der sie auch mit Bitterkeit erfüllte. Andererseits hatten beide jedoch die Hoffnung, der neue Lebensabschnitt werde ihnen mehr Zeit für gemeinsame Unternehmungen bieten, für Reisen, für den Freundeskreis und für die Naturbeobachtung, Helmut Schmidt war ein passionierter Ornithologe: »So erholte ich mich […] von den Lasten des Amtes. Loki und ich fanden in Bonn eine kleine private Wohnung, wir erfreuten uns des Lebens, und ich fasste die Absicht, ein außenpolitisches Buch zu schreiben.«[1]

Das liest sich wie die Beschreibung einer Ruhestandsidylle. Die Wohnung war ein kleines Mietshaus am Oberen Lindweg 31 in

Bonn, in der Nähe des Regierungsviertels. Sein Bundestagsmandat wollte Helmut Schmidt vorerst weiter wahrnehmen. Die Erholungsphase, die er in seinem Buch »Weggefährten« erwähnt, wäre für ihn dringend notwendig gewesen, denn am Ende seiner Kanzlerzeit war er am Rande seiner Kräfte, und Loki Schmidt hatte das mit großer Sorge beobachtet. Sie wäre froh gewesen, wenn ihr Mann sich und ihr nun Jahre der Beschaulichkeit, auch der Selbstbesinnung ermöglicht hätte.

Er tat jedoch das Gegenteil: Er unterwarf sich einem durchgetakteten Programm von Vortragsreisen, vor allem in die USA, das auch einen Jüngeren bis zur Erschöpfung gefordert hätte. In seiner Partei erregte sein offenkundiger Verzicht, das Bundestagsmandat mit allen Rechten und Pflichten wahrzunehmen, offenen Unmut. Und wenn nach den Gründen gefragt wurde, warteten tatsächliche oder selbst ernannte »Insider« gern mit drei mysteriösen Buchstaben auf: SIL. Das Kürzel stand für die scherzhafte Firmenbezeichnung »Schmidt International Limited«.

Natürlich gab es die nicht. Ein anderes Unternehmen aber war sehr real und ausgesprochen effizient – die New Yorker PR-Agentur Harry Walker, die ehemalige Spitzenpolitiker zu sehr einträglichen Konditionen für Vorträge und andere Auftritte unter Vertrag nahm. Über sie verlangte Helmut Schmidt für einen Vortrag fünfstellige Dollar-Honorare, die er auch mühelos erzielte.

In der Partei regten sich Neid und Bitterkeit. Die Genossinnen und Genossen begannen zu rechnen: die Kanzlerpension. Die Abgeordnetendiäten. Die Vortragshonorare. Und, ab Mai 1983, das Gehalt als Mitherausgeber der Wochenzeitung »Die Zeit«. Das erzeugte eine Missstimmung, die ganz besonders in der Hamburger SPD mit Händen zu greifen war. Mir wie auch anderen Kollegen wurde damals aus der SPD unverhohlen ein Zitat eines Spitzengenossen angeboten, das zur Veröffentlichung frei war, wenn der Name durch den Hinweis »ein SPD-Präsidiumsmitglied« ersetzt würde. Ich hielt mich damals an diese Absprache und bleibe auch jetzt dabei. Das Zitat brachte den parteiinternen Unmut auf den Punkt: »Ein sozialdemokratischer Bundeskanzler fährt nicht in der Welt umher, für viel Geld, kommt nicht in den Bundestag, wird kaum im Parteivorstand und Präsidium gesehen. Das vergeben ihm die Genossen nicht so schnell.«[2]

Die Hamburger Genossen hatten Grund zur Sorge. Im Herbst 1982 war die Hansestadt wegen der »Hamburger Verhältnisse« bundesweit in den Schlagzeilen. Der sozialdemokratische Senat war nur noch geschäftsführend im Amt, denn bei der Wahl vom 6. Juni 1982 hatte die völlig zerstrittene Hamburger SPD mit nur noch 42,7 Prozent ihre absolute Mehrheit verloren, sie war sogar, wenn auch nur knapp, hinter die bis dahin oppositionelle CDU zurückgefallen. Aus Sicht der SPD war das ein alarmierender Vorgang. Jedoch konnte auch die Union mit ihrem Spitzenkandidaten Walther Leisler Kiep keinen neuen Senat bilden.

Bürgermeister Klaus von Dohnanyi, den die SPD-Führung als Retter in der Not aus Rheinland-Pfalz geholt hatte, entschloss sich, das Risiko von Neuwahlen einzugehen. Er behielt recht: Als am Abend des 19. Dezember 1982 das Ergebnis feststand, hatte die SPD mit 51,3 Prozent einen strahlenden Wahlsieg errungen, die sozialdemokratische Welt war wieder in Ordnung. Zustande gekommen war dieser Wahltriumph nicht nur, weil viele Wähler die »Hamburger Verhältnisse« beenden wollten. Auch die Abwahl des Bundeskanzlers Helmut Schmidt, die ja erst wenige Wochen zurücklag, hatte eine erhebliche Rolle gespielt. Eines der Indizien dafür war das verheerende Ergebnis der FDP, die mit 2,6 Prozent auf den Status einer Splitterpartei zurückgeworfen wurde. Es war offenkundig, dass viele Wähler die FDP wegen ihrer undurchsichtigen Rolle im Bonner Koalitionswechsel abstrafen wollten.

Helmut Schmidt konnte mit den Reaktionen der Hamburgerinnen und Hamburger auf seinen erzwungenen Abschied aus dem

Kanzleramt zufrieden sein, mit seiner Partei aber deutlich weniger. Ich erinnere mich an einen SPD-Landesparteitag kurz nach dem Bonner Machtwechsel im großen Saal des Gewerkschaftshauses am Besenbinderhof und an die beklemmende Stille unter den zerstrittenen Delegierten, als Helmut Schmidt sie mit großem Nachdruck ermahnte, angesichts der bevorstehenden Bürgerschaftswahl ihre verbissenen Flügelkämpfe zu beenden und »unsere schmerzlich geliebte Partei« nicht weiter zu beschädigen. Das bezog sich nicht nur auf den innerparteilichen Konflikt um die Kernenergie und den Linkskurs, mit dem Dohnanyis Amtsvorgänger Hans-Ulrich Klose gescheitert war. Und diese Mahnung galt auch nicht nur der Hamburger SPD.

Niemand wusste besser als der Ex-Kanzler, dass die sozialliberale Koalition in Bonn seit dem Spätsommer 1982 nur vordergründig an Differenzen in der Wirtschafts- und Sozialpolitik gescheitert war. Diese Konflikte zwischen SPD und FDP hätten sich überwinden lassen, wenn nicht die zunehmende Abkehr der SPD vom Nato-Doppelbeschluss zu einer zusätzlichen massiven Belastung der Koalition geführt hätte.

Am 17. September 1982 waren die vier FDP-Bundesminister Hans-Dietrich Genscher, Gerhart Baum, Otto Graf Lambsdorff und Josef Ertl zurückgetreten. Helmut Schmidt war sich darüber im Klaren, dass seine Partei mit ihrem Vorsitzenden Willy Brandt längst nicht mehr hinter ihm stand. Das galt uneingeschränkt auch für die Hamburger SPD. Ende September 1983 debattierten die Hamburger Sozialdemokraten, wie andere Landesverbände auch, über den Nato-Doppelbeschluss. Mit der äußerst knappen Mehrheit von 154 gegen 150 Stimmen forderten die Delegierten ein Verbot für die Stationierung neuer Atomwaffen auf dem Territorium der Bundesrepublik und ein komplettes Nein zum Nachrüstungsteil des Nato-Doppelbeschlusses. Zugleich sprach sich der Parteitag in einer deklamatorischen Resolution mit 146 gegen 144 Stimmen dafür aus, die Hansestadt zur »atomwaffenfreien Zone« zu erklären.

Der linke Parteiflügel, der diese Beschlusslage maßgeblich herbeigeführt hatte, war noch Anfang September mit einem entsprechenden Antrag am Widerstand des innerparteilichen Mitte-Rechts-Lagers gescheitert. Doch die Stimmung in der Partei hatte sich gewandelt. Bezeichnend dafür war, dass ausgerechnet der SPD-Kreis Bergedorf als Wortführer einer Politik auftrat, die »einseitige Abrüstungsschritte« verlangte, um »endlich einen Abbau von Atomwaffen zu ermöglichen«. Bergedorf war der Wahlkreis des direkt gewählten SPD-Bundestagsabgeordneten Helmut Schmidt. Schmidt befand sich auf einer Auslandsreise und nahm nicht an diesem Parteitag teil.

Vergeblich hatten prominente SPD-Politiker den Parteitag beschworen, keine westlichen Vorleistungen zu verlangen, weil derartige Forderungen sich in den Abrüstungsverhandlungen kontraproduktiv auswirken müssten. Das kaum noch wahrnehmbare Echo, das sie damit in ihrer Partei fanden, war auch damit zu erklären, dass in der Hamburger SPD nicht nur pazifistische Positionen eine lange, fortwirkende Tradition hatten; es gab in der Hansestadt auch jene Gemengelage des »deutschen Nuklearpazifismus und des normativen Neutralismus in Teilen der deutschen Linken«[3], die Helmut Schmidt möglicherweise unterschätzt hat.

Denn wenig später, am 22. Oktober 1983, folgten mehr als 400 000 Hamburgerinnen und Hamburger dem »Hamburger Forum«, das zu einer Kundgebung auf dem Rathausmarkt aufgerufen hatte. Es wurde die größte politische Demonstration, die die Hansestadt bis dahin erlebt hatte. Der Rathausmarkt und die angrenzenden Straßen fassten die Menschenmassen bei weitem nicht. Bürgerschaftspräsident Peter Schulz (SPD), der auf Einhaltung der Bannmeile rings um das Rathaus bestehen wollte, hatte keine Chance, sich damit gegen den Senat durchzusetzen. Dieser Tag war nicht nur ein Beweis für die organisatorische Stärke der Friedensbewegung in der alten Bundesrepublik, quer durch die ganze Gesellschaft. Im »Hamburger Forum«

hatten sich Parteien, Gewerkschaften, Kirchen und Friedensinitiativen zusammengefunden, wie in anderen Städten auch. Vor allem wurde an diesem Herbsttag die elementare Besorgnis großer Teile der Bevölkerung vor einer Eskalation des Schreckens durch die Stationierung amerikanischer Pershing-II-Mittelstreckenraketen in Westdeutschland deutlich.

In der Bundeshauptstadt Bonn versammelten sich an diesem Tag mehr als eine halbe Million Menschen und applaudierten begeistert Willy Brandt, der ihnen zurief: »Mächtige Leute haben sich in den Kopf gesetzt, das Aufstellen von Pershing II sei wichtiger als das Wegbringen von SS-20 … Dazu können wir nicht Ja, dazu müssen wir Nein sagen!« Im Südwesten, zwischen Stuttgart und Neu-Ulm, reichten sich kurz nach zwölf Uhr mittags rund 250 000 Menschen gleichzeitig die Hände und bildeten eine Kette, 110 Kilometer lang. In vielen Städten, auch im europäischen Ausland, trieb die Angst die Menschen auf Straßen und Plätze.

Aber Angst wovor konkret – drohte wirklich ein Atomkrieg? Die Sowjetunion hatte seit Mitte der siebziger Jahre auf dem Territorium des Warschauer Pakts mit der Stationierung von Mittelstrecken-Atomraketen des Typs SS-20 begonnen. In den Hauptstädten Westeuropas hatte das die Sorge ausgelöst, der Kreml werde mit diesen Waffen in der Lage sein, den ganzen westlichen Teil des Kontinents mit einem atomaren Erstschlag zu bedrohen, ohne zwangsläufig mit einer Antwort durch amerikanische Interkontinentalraketen rechnen zu müssen. Denn wer konnte garantieren, dass die USA bei einem Angriff auf Westeuropa ihre Langstreckenraketen einsetzen und damit das Risiko eines sowjetischen Gegenschlags eingehen würden? Es war vor allem Bundeskanzler Helmut Schmidt gewesen, den die Sorge umtrieb, Westeuropa könne so vom amerikanischen »Raketenschirm« abgekoppelt werden. Vornehmlich seinem Drängen war es zuzuschreiben, dass der sogenannte Nato-Doppelbeschluss zustande kam, der dem Warschauer Pakt Verhandlungen über die Mittelstreckenraketen anbot, bei deren Scheitern aber eine Nachrüstung der Nato ankündigte.

Gegen diesen Kurs gingen nun Millionen Menschen auf die Straße. Helmut Schmidt wurde für viele Friedensaktivisten zur Hassfigur. Die SPD versagte sich der Politik, die ihr eigener Kanzler auf den Weg gebracht hatte. In einem Nachrichtenmagazin konnte man eine sehr treffende Beschreibung der innerparteilichen Situation lesen: »Das Schiff verlässt den Lotsen«.

Kurz vor der historischen Abstimmung im Bundestag zeigte sich auf dem Kölner SPD-Bundesparteitag am 18. und 19. November 1983, wie isoliert Helmut Schmidt in seiner eigenen Partei war: Von den rund 400 Delegierten stimmten nur wenige, darunter Schmidt selbst und sein früherer Verteidigungsminister, der Hamburger Hans Apel, für die Raketenstationierung. Die Hamburger SPD marschierte in der vordersten Reihe der Schmidt-Gegner, unter denen das abschätzige Schlagwort von der »Schmidt-SPD« als Synonym für eine rückwärtsgewandte Partei entstand, die weder den Zeitgeist noch die Gebote einer »vernünftigen«, dem Volke dienenden Politik begriffen habe.

Das Schlagwort vom »Raketenkanzler«, der das Erbe des »Friedenskanzlers« Brandt verspiele, hatte etwas innerparteilich Stigmatisierendes. Helmut Schmidt reagierte auf Brandts Werben um die Friedensbewegung mit kalter Verachtung. Einer der wenigen Sozialdemokraten, auf die er damals in der Hamburger SPD zählen konnte, war Henning Voscherau.

Schmidts Nachfolger im Kanzleramt, Helmut Kohl, hielt unbeirrt an der Politik seines Vorgängers fest, und am 22. November 1983 beschloss der Bundestag, genauer die Mehrheit aus CDU/CSU und FDP, mit 286 gegen 226 Stimmen die Zustimmung zur Stationierung von amerikanischen Pershing-II-Raketen und Marschflugkörpern im Südwesten der Bundesrepublik. Es war eine schmerzliche Niederlage für die Friedensbewegung. Das breite Bündnis zerbrach.

Der Hamburger SPD-Führung, allen voran Bürgermeister Klaus von Dohnanyi, war klar, dass diese latente Konfliktsituation wenigstens äußerlich bereinigt werden musste. Da traf es sich gut, dass des Altbundeskanzlers 65. Geburtstag bevorstand. Ein schöner, vor allem auch unverdächtiger Anlass für eine längst verdiente Ehrung, mit der man auch ohne Gesichtsverlust eine Aussöhnung mit diesem großen Sozialdemokraten zelebrieren konnte.

Und so kam es am 22. Dezember 1983, einen Tag vor dem Geburtstag des Altkanzlers, zu einer bewegenden Sondersitzung der Bürgerschaft. Das Parlament stimmte dem Antrag des Senats zu, Helmut Schmidt für »seine staatsmännischen Verdienste um die Bundesrepublik Deutschland und um das Gemeinwohl Hamburgs« die Ehrenbürgerwürde der Freien und Hansestadt Hamburg zu verleihen. Mittags um 12.30 Uhr überreichte Bürgermeister Klaus von Dohnanyi dem neuen Ehrenbürger im Großen Festsaal des Rathauses die Urkunde: »Ich beglückwünsche Helmut Schmidt zu dieser Ehre und uns Hamburger zu diesem Ehrenbürger.« Der Senatschef dankte ihm unter dem herzlichen Beifall von rund 600 geladenen Gästen »für alles, was er für Hamburg und für die Bundesrepublik getan hat«.

Helmut Schmidt war sichtlich bewegt: »Ich freue mich über diese Ehrung durch meine Heimatstadt.« Er fügte hinzu: »Innerlich habe ich diese Stadt niemals verlassen.« Auch die Ehrenbürgerschaft werde sein Verhältnis zur Vaterstadt nicht verändern.

Am Abend feierten 500 handverlesene Gäste aus dem In- und Ausland mit Helmut und Loki Schmidt in seinen 65. Geburtstag hinein: Der ehemalige französische Staatspräsident Valerie Giscard d'Estaing, der frühere US-Außenminister Henry Kissinger, beide mit dem Jubilar befreundet, der US-Botschafter in der Bundesrepublik, Arthur Burns, Bundestagspräsident Rainer Barzel (CDU), der designierte Bundespräsident Richard von Weizsäcker. Das Bergedorfer Haus im Park erlebte ein rauschendes Fest.

Es sollte noch vier Jahre dauern, bis Helmut Schmidts Sicherheitspolitik eine überzeugende Rechtfertigung erfuhr. Am 8. Dezember 1987 unterzeichneten in Washington US-Präsident Ronald Reagan und Kreml-Chef Michail Gorbatschow den bahnbrechenden »Vertrag über atomare Mittelstreckensysteme«, mit dem beide Seiten übereinkamen, die Mittelstreckenraketen in Europa zu beseitigen. Es war der Anfang vom Ende des Kalten Krieges und der sowjetischen Hegemonie in Osteuropa.

Die Geschichte hat die Staatsmänner Schmidt und Kohl bestätigt und die Friedensbewegung widerlegt. Schmidt hat seine Widersacher damals »infantil« genannt. Und noch Jahrzehnte später, 2013 im Gespräch mit Siegfried Lenz, fiel sein Urteil nicht milder aus: »Der damalige Nato-Doppelbeschluss hat eine Massenhysterie ausgelöst. Ich habe sie vorausgesehen, habe sie aber unterschätzt. Es war völlig verrückt. Der Alternative ›Lieber rot als tot‹ haben Hunderttausende Menschen angehangen damals, und sie hatten unrecht. Die hatten alle Angst vor dem Tod. Ich habe nie Angst gehabt, auch nicht vor dem Tod.«[4]

Das war ein hartes Urteil. Doch es wird nachvollziehbar, wenn man sich die Herausforderung vor Augen hält, vor der seine und die nachfolgende Bundesregierung damals standen.

Anmerkungen

1 Schmidt, Weggefährten, S. 234.

2 Eigene Aufzeichnung, Februar 1983.

3 Soell, S. 926.

4 Siegfried Lenz: Gespräche unter Freunden, Hamburg 2015, S. 463.

Elder Statesman im Unruhestand

Mitherausgeber, Co-Geschäftsführer, Buchautor

Die Auseinandersetzungen um seine Politik konnte Helmut Schmidt als »Elder Statesman« in einer vergleichsweise komfortablen Situation verfolgen. Ihm war ein Glücksfall widerfahren: Der Verleger der Hamburger Wochenzeitung »Die Zeit«, Gerd Bucerius, unterbreitete Schmidt das Angebot, neben Marion Gräfin Dönhoff Herausgeber des angesehenen Blattes zu werden. »Ich brauchte nicht lange zu überlegen. Denn ich kannte und schätzte die ›Zeit‹ seit ihrem Anfang, ich hatte in der Redaktion mehrere Freunde, und ich kannte und schätzte Bucerius seit dreißig Jahren.«[1]

Gerd Bucerius, der seit 1949 für die CDU im Bundestag saß, kannte Schmidt unter anderem über ihr gemeinsames, parteiübergreifendes Engagement für die Verkehrspolitik. Da er bundespolitisch bestens informiert war, hatte er sich bereits im Sommer 1982, als die sozialliberale Koalition in den letzten Zügen lag, die Frage gestellt, ob man Schmidt für den Fall eines Machtwechsels gewinnen könne. Ihm ging es darum, auf diese Weise die politische Generalkompetenz des ohnehin einflussreichen Blattes weiter zu stärken. Zugleich konnte er sich Helmut Schmidt als künftigen »Zeit«-Verleger vorstellen, wenn er selbst einmal aus dieser Funktion ausscheiden würde. Er besprach das Vorhaben mit dem früheren Bundesbankpräsidenten Karl Klasen, einem gemeinsamen Freund, und nach dessen positiver Reaktion erschien Bucerius am 9. Oktober 1982 bei Helmut Schmidt am Neubergerweg in Langenhorn, um die Sache voranzubringen.

Die Gespräche ließen sich auch gut an. Doch dann kamen Bucerius Bedenken, die durch den Wahltriumph der Hamburger SPD unter Klaus von Dohnanyi vom 19. Dezember 1982 noch verstärkt wurden. Am 6. März 1983 sollte ein neuer Bundestag gewählt wer-

Helmut Schmidt gibt seinen Einstand bei der »Zeit«, mit Gerd Bucerius (Mitte) und Theo Sommer (rechts daneben).

den, und falls das Ergebnis ähnlich überzeugend ausfallen würde wie in Hamburg – worauf allerdings nichts hindeutete und was auch nicht eintrat –, würde man dieser siegreichen SPD die Zeitung auch noch als »Trophäe« mitgeben, so seine Besorgnis. Es bedurfte der Mithilfe des nüchternen Analytikers Klasen, um derlei Zweifel zu überwinden.

Und so schickte Gerd Bucerius am 31. Dezember 1982 einen Brief nach Gran Canaria, wo Helmut Schmidt sich aufhielt, der ein förmliches Angebot enthielt, Mitherausgeber der »Zeit« zu werden. Seine Aufgabe würde es sein, den Verlag und die Redaktion zu beraten und vier »tragende Artikel« im Jahr zu schreiben. Seine Bezüge solle er selbst bestimmen. Der Verlag werde ihm ein Arbeitszimmer mit Sekretariat zur Verfügung stellen.

Helmut Schmidt akzeptierte das Angebot ohne langes Verhandeln. Sein Gehalt, so ließ er Bucerius wissen, solle dem seiner Mitherausgeberin Marion Gräfin Dönhoff entsprechen. (Später erzählte er, wie überrascht er bei der ersten Überweisung angesichts des bescheidenen Betrags war.) Die beiderseitigen Rechte und Pflichten in einem schriftlichen Vertrag zu definieren hielten Bucerius und Schmidt damals wie auch später für unnötig.

Helmut Schmidt besaß nun unmittelbaren Zugriff auf eine im In- und Ausland angesehene Wochenzeitung, und so mancher seiner früheren Weggefährten in den internationalen Konferenzsälen mag ihn um diese Möglichkeit beneidet haben, sich auch weiterhin an vorzüglicher Stelle öffentlich zu Wort zu melden. Mit der Gräfin Dönhoff verband ihn eine langjährige respektvolle Freundschaft. Die Aufgabe, den neuen Mitherausgeber in die Redaktion einzuführen, fiel dem langjährigen Chefredakteur (von 1973 bis 1992) Theo Sommer zu. Sommer, promovierter Historiker, 1930 geboren, war von August 1942 bis Mai 1945 Schüler der Adolf-Hitler-Schule auf der Ordensburg Sonthofen gewesen, wusste also aus unmittelbarer Erfahrung, was eine Jugend unter dem NS-System bedeutete. Sommer hatte nach dem Studium in Tübingen und an mehreren ausländischen Universitäten bei Hans Rothfels in Tübingen mit einer Arbeit über »Deutschland und Japan zwischen den Mächten, 1935–1940« promoviert, und 1958 war er durch Vermittlung der Gräfin Dönhoff als politischer Redakteur zur »Zeit« gekommen. Mit Helmut Schmidt verband ihn ein langjähriges Vertrauensverhältnis. 1969 hatte der neue Bundesverteidigungsminister Schmidt ihn in sein Ministerium geholt, um als Leiter des Planungsstabes eine kritische Bestandsaufnahme der Bundeswehr auf den Weg zu bringen und in einem Weißbuch zusammenzufassen. Damals hatte er Sommer nur ungern und nur auf beharrliches Drängen der Gräfin zu seiner Zeitung zurückkehren lassen.

Nun ging es darum, den neuen Mitherausgeber behutsam in die redaktionellen Abläufe zu integrieren und Vorbehalte abzubauen. Es gab Redaktionsmitglieder, die durchaus nicht vergessen hatten, wie wutschnaubend Helmut Schmidt als Kanzler über die journalistischen »Wegelagerer und Indiskretins« hergezogen war, egal ob das nun ein wirkliches oder nur ein sinngemäßes Zitat war; in anderen Blättern führte das zu ironischen Begrüßungsartikeln über den »Kollegen Wegelagerer«. Mancher im Hamburger Pressehaus am Speersort befürchtete schlimme Zeiten für das renommierte Blatt. Es ging dabei nicht so sehr um die Besorgnis, der neue Mitherausgeber werde versuchen, die Wochenzeitung an die Leine sozialdemokratischer Rechtgläubigkeit zu legen. Aber man traute ihm zu, einfach durch das Gewicht seiner Persönlichkeit seine Lieblingsthemen und -thesen im Blatt so durchzusetzen, dass dies zulasten der redaktionsinternen Liberalität gehen würde.

Anfang Mai 1983 bezog Helmut Schmidt sein neues Domizil in der »Zeit«: das Zimmer 605 im sechsten Stock des Pressehauses. Für einen vormaligen Bundeskanzler gewiss kein luxuriöses Ambiente – es maß gerade mal sechzehn Quadratmeter. Zwölf Jahre später, nach dem Tod des Verlegers Gerd Bucerius im September 1995, zog er in dessen Eckbüro im sechsten Stock um, das nicht viel größer ist und ebenfalls räumlich keinen großen Aufwand erlaubt.

Theo Sommer näherte sich seiner Aufgabe betont pragmatisch, gern auch mit kleinen Scherzen. Als in der Redaktionskonferenz die Frage aufgeworfen wurde, weshalb es denn so lange gedauert habe, bis Helmut Schmidt mal wieder auf einem SPD-Parteitag geredet habe, gab Sommer selbst die Antwort: »Es hat so lange gedauert, bis der Halstenberg das Geld für Schmidts Redner-Honorar aufgebracht hat.« Friedrich Halstenberg war von 1978 bis 1984 Bundesschatzmeister der SPD. Diese Anspielung auf seine bekannt hohen Honorarforderungen für Vorträge kommentierte der anwesende Neu-Herausgeber Schmidt sofort sarkastisch: »Das haben Sie falsch verstanden – für Bedürftige rede ich kostenlos.« Das Gelächter war groß.[2]

Der Chefredakteur beschrieb Helmut Schmidt zum Beginn des gemeinsamen Weges das Terrain der Redaktion: »Theo Sommer erklärte mir zu Beginn, die Wirtschaftsredaktion stehe ein wenig rechts von der Mitte, die Feuilletonredaktion ein wenig links von ihr, die politische Redaktion und er selbst stünden dazwischen.«[3] Wie man eine Zeitung macht, habe er »nunmehr erst lernen« müssen.

Manches wurde anders in der Redaktion. Es begann mit Äußerlichkeiten: Da der neue Mitherausgeber weiterhin unter polizeilichem Personenschutz stand, gab es nun im Pressehaus Besucherkontrollen, die zwar notwendig, jedoch offenbar nicht sonderlich wirksam waren. Eines Tages tauchte eine männliche Person auf, gab sich als Helmut Schmidts unehelicher Sohn aus, gelangte in den sechsten Stock, leerte dort einen Benzinkanister aus und legte Feuer. Der Umstand, dass dieser Eindringling (er wurde später in Spanien wegen anderer schwerer Straftaten verurteilt) nicht von den Sicherheitsbeamten, sondern ausgerechnet von zwei Feuilletonredakteuren zur Strecke gebracht wurde, sorgte für sarkastische redaktionsinterne Kommentare. Auch deshalb, weil Helmut Schmidt sich gern mal an diesem Ressort rieb, und sei es wegen der abgegessenen Teller vor den Zimmertüren nach einem Redaktionsschluss-Endspurt bis in die Nacht. Dem Mitherausgeber war der Anblick unangenehm, wenn er Besucher empfing. Die Redaktion dagegen musste sich daran gewöhnen, dass Einstellungsgespräche sich auch auf die Frage erstreckten: »Haben Sie gedient?«

Auch konnte man nun häufiger als zuvor »Zeit«-Interna in anderen Blättern lesen – etwa über Monologe des Mitherausgebers, der immer noch Kanzler spiele, die Keksteller für sich monopolisiere und die Redaktion in »Geiselhaft« nehme, weil niemand es wage, sich seiner Suada zu entziehen. Daran mag manches übertrieben gewesen sein. Unstreitig war, dass der Mitherausgeber Schmidt sich »mit Macht« (Theo Sommer) engagierte und die Redaktion, wiewohl er das Zeitungmachen doch erst lernen musste, mit Hausmitteilungen in reicher Fülle traktierte. Seine »manchmal vierzig Seiten langen Memoranden für den Chefredakteur hatten es in sich«, wie Theo

Sommer sich erinnerte, und der musste es als Adressat wissen. Das führte dazu, dass er eines Tages grundsätzlich wurde und Helmut Schmidt schrieb:

> »Eine Redaktion ist ein pulsierender Organismus, kein hierarchisch aufgebautes Ministerium, und der Chefredakteur ist kein weisungsausführender Staatssekretär. [...] Ich will [...] nicht regen Köpfen einbläuen, was sie zu denken haben. Links und rechts die Pflöcke einschlagen, die den Korridor des bei uns Möglichen markieren – gern, aber dabei in Kauf nehmen, dass die Ochsen und Kälber manchmal an Elektrodraht kommen. So viel Duldsamkeit, so viel Leidensfähigkeit muss ein Chefredakteur aufbringen. Ich dächte, ein Verleger auch.«[4]

Im Sommer 1985 hatte Gerd Bucerius seiner Lebensgefährtin Hilde von Lang und dem Mitherausgeber Schmidt zugleich die Geschäftsführung des »Zeit«-Verlages und damit die Verlegerfunktion übertragen. Schmidt nahm sie wahr bis Ende 1989. Mit dem Plan des Eigentümers Bucerius, die »Zeit« in ein größeres Verlagshaus einzubringen, war er nicht einverstanden; er selbst hielt die »Zeit-Stiftung« für die geeignetere Trägerin und damit für die bessere Lösung. Als er Bucerius nicht überzeugen konnte, zog er sich aus der Verlegerfunktion zurück. Mit der später getroffenen Entscheidung, den »Zeit«-Verlag an die Verlagsgruppe Holtzbrinck zu veräußern, stimmte er jedoch überein.

Gerd Bucerius war ein großer Verleger, aber er war auch ein schwieriger Herr, und Schmidts umfangreiche Korrespondenz mit ihm, die die ganze Bandbreite des Zeitungsalltags widerspiegelt, ist ebenso wie der Schriftwechsel zwischen Bucerius und Marion Dönhoff ein Beleg dafür. »Buc«, wie er genannt wurde, ging keinem Streit aus dem Weg, und da konnte es schon passieren, dass er seine Kollegen in der Leitung des Blattes wutschnaubend anfuhr: »Ich mag

Journalistenalltag: Redaktionskonferenz bei der »Zeit«.

euch alle nicht mehr!«[5] Temperamentsausbrüche, die sich auch wieder legten.

Insgesamt scheint Helmut Schmidt mit »Buc« noch am wenigsten Probleme gehabt zu haben, was vor allem auf die Lebensleistung und das Ansehen zurückzuführen war, die Schmidt achtete. Helmut Schmidt und die »Zeit« – das war ein manchmal eben auch schwieriges Miteinander, bis heute. Während er die »große Konferenz« der gesamten Redaktion bald mied, weil sie ihn an eine Fraktionssitzung mit einem Übermaß an Wortmeldungen erinnerte, beurteilte er die wöchentliche »Käsekonferenz« sehr viel positiver. Dieses zwanglose Gespräch zwischen den Herausgebern, der Geschäftsführung, der Chefredaktion und den Ressortleitern, ohne Tagesordnung, aber über alle Dinge, die »unsere Zeitung angehen«, sei »außerordentlich nützlich« – ein hohes Lob des Erzpragmatikers Helmut Schmidt, der wenige Dinge so hasst wie inhaltsleeres Gerede und Zeitverschwendung.

Seine eigentliche Plattform in der Redaktion, wenn es um nächste Themen ging, wurde die Freitagskonferenz des politischen Ressorts. Er erschien penibel vorbereitet, mit einem Exemplar der aktuellen Ausgabe in der Hand, und wurde auf diese Weise bald zu einem journalistischen Patriarchen, der Maßstäbe des Informationsstandes und der Urteilskraft setzte: »Ohne Schroffheit, aber auch ohne Altersmilde kommentiert er den Inhalt des Blattes und die allgemeinen Zeitläufte. Er sagt seine Meinung, die Redakteure sagen die ihre« – so Theo Sommer, der langjährige Chefredakteur, in einem Rückblick auf 25 Jahre Zusammenarbeit.[6]

Helmut Schmidt besitzt unzweifelhaft eine innere Bindung an die »Zeit«, die brauchte er nicht erst zu entwickeln. Denn es gab in Hamburg in den ersten Nachkriegsjahren »vier bedeutende Personen und Institutionen [...], die für uns Heimkehrer zur geistigen Orientierung beigetragen haben: nämlich Max Brauer; Ernst Rowohlts große ausländische Literatur, als rororo auf Zeitungspapier gedruckt und deshalb für jedermann erschwinglich; sodann Ida Ehre und ihre Kammerspiele und schließlich die ZEIT.«[7]

Was das für seine und Loki Schmidts Generation bedeutete, hat Helmut Schmidt viele Jahre nach dem Krieg in einer »verspäteten Liebeserklärung an Ida Ehre« mit großer Eindringlichkeit formuliert:

> »Das war in jener Zeit unmittelbar nach der deutschen Doppelkatastrophe von Nazidiktatur und Krieg, als wir überwältigt waren von dem Glück, überlebt zu haben. Als wir zugleich begannen, das ganze Ausmaß der Verbrechen, unserer Verführung und unserer Schande zu erkennen. Als wir in Kellern und Hütten froren und hungerten und doch zugleich der Hunger nach geistiger und moralischer Führung größer war als jemals vorher im Leben – und als jemals in dem halben Jahrhundert seither.«[8]

Helmut Schmidt blickt vom Dachbalkon des Pressehauses am Speersort über seine Heimatstadt.

Aus den vier »tragenden Artikeln« pro Jahr, die Bucerius 1983 mit Schmidt vereinbart hatte, sind im Laufe dieser langen Zeit, in der Helmut Schmidt »der erste Diener dieses Blattes« (Sommer) wurde, weit über hundert Beiträge geworden. Sie fanden in der deutschen und der internationalen Öffentlichkeit gebührende Beachtung. Der Altbundeskanzler wurde für die Deutschen zu einer zentralen Erklärungsinstanz in einer immer unübersichtlicher werdenden Welt, und damit auch zu einem Staatsmann außer Dienst, dem zugleich moralische Urteilskompetenz zugesprochen wird. Dies vielleicht auch deshalb, weil er die eigene Person von der menschlichen Fehlbarkeit nicht ausnimmt.

Das Spektrum der Themen, die er in der »Zeit« mal auf Wunsch der Redaktion, dann wieder aus eigenem Antrieb behandelt, ist national, international, global. Er hat höchst öffentlichkeitswirksam den »Raubtierkapitalismus« (eine Wortschöpfung der Gräfin) und die unersättliche Gier der Manager angeprangert. Eine große Anzahl seiner Artikel war den Problemen der deutschen Einheit und den Fehlern gewidmet, die dabei aus seiner Sicht geschehen sind. Immer wieder hat er die weltpolitische Rolle der Vereinigten Staaten analysiert, und dabei blieb seine Liebe zu Amerika, bei aller Kritik, etwa an der Bush-Administration, nicht auf der Strecke. Zugleich hat Helmut Schmidt um Verständnis für die russische Politik unter Putin geworben und den Westen vor einer »Politik der Nadelstiche« gewarnt, ohne sich dabei irgendeiner Illusion über Russland und die Russen hinzugeben. Die Zukunft des Euro und der europäischen Integration hat ihn ebenso ausgiebig beschäftigt wie Chinas Aufstieg zur Weltmacht. Seine Warnungen vor deutscher Kraftmeierei wurden in den europäischen Hauptstädten mit großer Aufmerksamkeit registriert. Er hält die Deutschen für ein »gefährdetes Volk« und meint damit einen Mangel an politischem Wirklichkeitssinn, die Neigung, Wunsch und Wirklichkeit zu verwechseln und dies durch Demagogen ausbeuten zu lassen.[9]

Nicht immer traf ein, was er prognostiziert hatte, aber in den meisten Fällen behielt er recht. Wenn er sich, selten genug, mit der Politik und dem Personal seiner eigenen Partei, der SPD, befasste, sind ihm auch Fehleinschätzungen unterlaufen. Den publizistischen »Ritterschlag«, mit dem er dem SPD-Kanzlerkandidaten Peer Steinbrück 2013 die Qualifikation als Regierungschef bescheinigte, hätte er besser unterlassen.

Das alles ändert nichts daran, dass er nicht nur ein großes politisches, sondern auch ein nicht minder eindrucksvolles publizistisches Lebenswerk hinterlassen wird. Etliche seiner mehr als dreißig Bücher wurden Bestseller. Seine Fähigkeit, dem Leser die großen Zusammenhänge der Weltpolitik und Weltwirtschaft nahezubringen, korrespondiert mit einer seltenen Anschaulichkeit und Exaktheit der Gedankenführung. Vor diesem Hintergrund sind ihm eindrucksvolle, meisterhafte Porträts der führenden Politiker gelungen, denen er begegnete.

Sein vielleicht wichtigstes Buch, »Menschen und Mächte«, das 1978 erschien und über ein Dutzend Auflagen erlebte, wurde nicht nur ins Englische, Französische und Spanische übersetzt, es fand auch in der chinesischen, japanischen und koreanischen Ausgabe viele Leser. Er beschreibt darin seine Erlebnisse und Erfahrungen in den Zentren der Weltmächte – hinter den Mauern des Kreml (»Mit den Russen leben«), im Palast des Himmlischen Friedens (»China – die dritte Weltmacht«), im Oval Office des Weißen Hauses (»Die USA – von der Schwierigkeit, eine Weltmacht zu sein«) und lässt dabei das Anekdotische und die Imponderabilien der Politik nicht zu kurz kommen.

Ein noch sehr viel persönlicheres Erinnerungsbuch hat Helmut Schmidt 1996 unter dem Titel »Weggefährten – Erinnerungen und Reflexionen« vorgelegt. Es ist eine Fundgrube, ein Lesebuch im besten Sinne zum Verständnis der deutschen Nachkriegsgeschichte, weil Helmut Schmidt vielen Prominenten aus Politik und Wirtschaft, aus Kunst und Kultur Profil und Relief verleiht. Das Buch beginnt mit Ida Ehre, der unvergessenen Prinzipalin der Hamburger Kammerspiele, und darin liegt durchaus ein Bekenntnis des Autors. Diese große Intendantin hat das junge Ehepaar Helmut und Loki Schmidt fasziniert, weil das Theater, für das sie stand, eine »moralische Anstalt zu sein hatte«[10]. Helmut Schmidt geriet noch im hohen Alter ins Schwärmen, wenn er sich an die Premiere des Heimkehrer-Dramas »Draußen vor der Tür« in den Kammerspielen erinnerte, die ihn und Loki 1947 zutiefst beeindruckte – übrigens das erste deutsche Theaterstück nach dem Krieg, das mit großem Erfolg die Bühnen der Welt eroberte.

Ein besonderer Reiz des Buches liegt in den Gesprächen vor laufender Fernsehkamera, die sich hier in Auszügen abgedruckt finden. Zum Beispiel mit Lilli Palmer, die mehr als nur ein Filmstar war. Oder mit Leonard Bernstein, der anlässlich von Gastspielen im Rahmen des Schleswig-Holstein Musik Festivals mehrfach Gast der Schmidts in deren Feriendomizil am Brahmsee war. Die Diskussionen mit dem großen Komponisten und Dirigenten gerieten derart intensiv und gingen bis in die Nächte hinein, dass Loki Schmidt durch ein Machtwort für ein Ende sorgen musste – einmal frühmorgens um drei Uhr. Sehr erhellend auch das Streitgespräch mit Siegfried Lenz, Günter Grass und Fritz J. Raddatz, das ebenfalls am Brahmsee stattfand, über Kultur und Politik, über die Gründe für das schwierige Verhältnis zwischen Politikern und Intellektuellen, die übrigens schon damals auch mit der SPD ihre Probleme hatten.

Zu einer Autobiografie habe er sich nicht entschließen können, versichert Helmut Schmidt in der »Vorrede« dieses Buches, weil sie zur »Verschönerung des eigenen Profils verleitet«. Er wolle also »kein Lebensbild anbieten«, wohl aber »die Menschen benennen, die meinen beruflichen und politischen Lebensweg beeinflusst haben«. Entstanden ist dieses Lebensbild gleichwohl, und zwar als Mosaik unzähliger Begegnungen mit den Großen seiner Zeit aus nahezu allen Lebensbereichen.

Helmut Schmidt hat gern und ausgiebig davon Gebrauch gemacht, dass ein Bundeskanzler treffen kann, wen er zu treffen wünscht, und schon die Fülle der prominenten Zeitgenossen, die dieses Buch enthält, von Herbert von Karajan bis zu Karl Popper, von Henry Moore bis zu Bernhard Heisig, von Max Frisch bis zu Heinrich Böll, von Teddy Kollek bis zu Anwar as-Sadat, erlaubt die Feststellung: Helmut Schmidt kann auf ein reiches Leben zurückblicken.

»Weggefährten« ist auch ein ehrliches Buch. Helmut Schmidt ist einer der wenigen Spitzenpolitiker der SPD, der zugibt und bedauert, dass seine Partei 1990 mit der deutschen Einheit wenig anzufangen wusste, zurückhaltend formuliert: »[…] und als die Parteiführung im folgenden Jahre 1990 während des ersten gesamtdeutschen Wahlkampfes seit dem Ende der Weimarer Republik den irreführenden Eindruck zuließ, als ob der SPD-Führung die Vereinigung nicht sonderlich am Herzen läge, war ich nur noch traurig.«[11] Möglicherweise war dieser Eindruck nicht irreführend, sondern recht realitätsbezogen. Viele Sozialdemokraten dachten 1989/1990 so wie Willy Brandt 1982, der damals von der »Lebenslüge Wiedervereinigung« sprach. Und als er diese Auffassung im Dezember 1989 mit dem historisch gewordenen Satz »Es wächst zusammen, was zusammengehört« korrigierte, war das keineswegs die in seiner Partei vorherrschende Stimmung.

Wer zum Beispiel erlebt hat, wie betroffen man 1990 in der Hamburger SPD über den Zusammenbruch der DDR war und wie missmutig die Partei auf die deutsche Einheit reagierte (mit rühmlichen Ausnahmen wie Klaus von Dohnanyi, Henning Voscherau, Peter Schulz), der versteht, dass nicht nur der Nato-Doppelbeschluss, sondern auch die deutsche Einheit das Verhältnis des SPD-Spitzengenossen Helmut Schmidt zur eigenen Partei komplizierten Phasen unterworfen hat. Es war schwierig in dieser Zeit, und manchmal mehr als das.

Für den Hanseaten Helmut Schmidt spielten Politiker wie Max Brauer und Herbert Weichmann, Bankiers wie Eric Warburg und Karl Klasen, Unternehmer wie Werner Otto, Kurt Körber, Alwin Münchmeyer, Literaten wie Siegfried Lenz, Musiker wie Justus Frantz und Christoph Eschenbach oder die Schauspielerin Inge Meysel, um nur ein paar Namen zu nennen, eine ganz unverzichtbare, prägende Rolle. Er hat sie in den »Hanseatischen Miniaturen« gewürdigt, einem besonderen Kapitel seines Buches.

Überdies gibt Helmut Schmidt Auskunft über eine Freundschaft von seltener Tiefe und Herzlichkeit, die ihn und Loki mit dem Ehepaar Friedel und Karl-Wilhelm Berkhan verband. Er bekennt in der »Vorrede« seines Erinnerungsbuches, dass dieser Freund »über vier Jahrzehnte mein älterer Bruder gewesen ist, den ich seither unendlich vermisse«.[12] Die Berkhans gehörten für das Ehepaar

Schmidt ganz einfach zur Familie: politische Weggefährten seit den Anfängen im Sozialistischen Deutschen Studentenbund 1945/46, Bundestagskollegen, Nachbarn am Brahmsee, Segel- und Skatpartner, enge Vertraute auch in Lebensphasen, die nicht immer leicht waren.

Diese menschliche Nähe hat auch mit dem Lebensweg beider SPD-Politiker zu tun. Karl-Wilhelm Berkhan, 1915 in Hamburg geboren, gelernter Maschinenschlosser, war sozialdemokratisches Urgestein. Er kam aus der Sozialistischen Arbeiterjugend, hatte sich zum Maschinenbauingenieur hochgearbeitet. Den Krieg hatte er wie Helmut Schmidt als Oberleutnant der Luftwaffe überlebt, er war Pilot. Seine politische Laufbahn begann er als SPD-Kreisvorsitzender in Hamburg-Nord. Berkhan wurde als SPD-Bundestagsabgeordneter weit über seine Fraktion hinaus geschätzt. Er war wegen seines freundlichen, auf Ausgleich bedachten Naturells beliebt. Das hat ihm als Parlamentarischer Staatssekretär im Bundesverteidigungsministerium (von 1969 bis 1975) seine Aufgaben sehr erleichtert. Als Wehrbeauftragter des Bundestages (von 1975 bis 1985) konnte er sich auf breite Mehrheiten im Parlament stützen und wurde, so der Bonner Journalist Friedrich Nowottny, »eine Art geballte Faust in der Tasche der Rekruten«.

Friedel und Karl-Wilhelm Berkhan haben sich mit Helmut und Loki Schmidt und anderen Freunden an einem Buchprojekt beteiligt, um für spätere Generationen einen Bericht über ihre Jugend in der NS-Zeit zu schreiben. Das Ehepaar Berkhan verfasste einen gemeinsamen Text. Helmut Schmidt hat daraus in den »Weggefährten« einen Passus zitiert, der sich auf den Umbruch des Jahres 1933 bezieht:

> »Der Strom des Geschehens hat mich mitgerissen, ich fühlte mich hilflos und wehrlos. […] Sicher war es ehrenhaft, gegen die Nazis zu wirken, aber hatte dieser Widerstand Aussicht auf Erfolg? Ich wollte nicht unter das Fallbeil. […] So wurde ich einer

jener Deutschen, die sich durch die Zeit zu mogeln suchten, [...] nicht ohne Zugeständnisse.« Helmut Schmidt ergänzte dieses Zitat durch den Zusatz: »Ja, so ähnlich habe ich es auch erlebt. Und ähnlich haben es später viele Deutsche erlebt, die in der DDR aufgewachsen sind.«

Karl-Wilhelm Berkhan, nur »Willi« genannt, war für Helmut Schmidt ein unverzichtbarer Dialogpartner und ein politischer Seismograf von großer Sensibilität dazu: »Und wie oft habe ich mich bei Willi vergewissert, ob er das, was ich in der Regierung tat, billigte oder ob und warum er es kritisierte. Jüngst ist es am Brahmsee zweimal vorgekommen, dass ich zu Loki gesagt habe: ›Ich gehe mal eben zu Willi rüber.‹ Aber er war ja doch schon tot.«[13] Berkhan starb am 9. März 1994 in Hamburg, seine Frau wenig später. Man kann einer lebenslangen Freundschaft wohl kein schöneres Denkmal setzen.

Anmerkungen

1 Schmidt, Weggefährten, S. 234 ff.
2 Soell, Helmut Schmidt, Macht und Verantwortung, S. 923.
3 Schmidt, Weggefährten, S. 237.
4 Theo Sommer: »Der erste Diener dieses Blattes«, in »Die Zeit«, 8. Mai 2008.
5 Theo Sommer: »Der Mann, den wir ›Buc‹ nannten«, in »Die Zeit«, 19. Mai 2006.
6 Vgl. Anm. 4.
7 Schmidt, Weggefährten, S. 236.
8 Ebd., S. 21.
9 Soell, S. 933.
10 Schmidt, Weggefährten, S. 22.
11 Ebd., S. 521.
12 Ebd., S. 18.
13 Ebd., S. 483 ff.

Der Wille, über sich hinauszudenken

Das Gemeinwohl und das politische Handeln

Es war ein hoher Anspruch, an dem Helmut Schmidt sich orientierte, als er 1985 daranging, eine lang gehegte Idee zu realisieren – eine Plattform für Vorträge und Diskussionen auf durchaus elitärem Niveau. So entstand, unabhängig von jeder parteipolitischen oder weltanschaulichen Ausrichtung, die Freitagsgesellschaft.

In der deutschen Geistesgeschichte ist die Freitagsgesellschaft ein fester Begriff: Im Herbst 1791 hatte Johann Wolfgang von Goethe eine solche regelmäßige Zusammenkunft aus der Taufe gehoben, bei der Vorträge von Gelehrten ganz unterschiedlicher Fachrichtungen gehalten wurden. Zunächst versammelte man sich im Stadtpalais der Herzogin Anna Amalia von Sachsen-Weimar-Eisenach, die Weimars überragende Stellung im deutschen Geistesleben ihrer Zeit anbahnte, ab Frühjahr 1792 in Goethes Wohnhaus am Frauenplan.

Das eigentliche Vorbild aber war für Helmut Schmidt eine andere Zusammenkunft herausragender Persönlichkeiten: die berühmte Mittwochsgesellschaft – eine Kurzbezeichnung für die »freie Gesellschaft zur wissenschaftlichen Unterhaltung« in Berlin, wie sie sich korrekt nannte. Sie umfasste sechzehn Mitglieder, sämtlich angesehene Experten in ihrem Fachgebiet und darüber hinaus Inhaber von herausgehobenen Positionen im öffentlichen Leben. Die Mittwochsgesellschaft, die von Anfang an »Männer der verschiedensten Richtungen und Weltanschauungen«[1] aufnehmen wollte, traf sich seit ihrer formellen Gründung am 19. Januar 1863 durch den ehemaligen preußischen Kultusminister Moritz August von Bethmann-Hollweg an jedem zweiten Mittwoch für eine freie wissenschaftliche Diskussion im privaten Kreis. Ihre Auflösung erfolgte durch die Gestapo nach dem Attentat des 20. Juli 1944.

Der jeweilige Gastgeber, ein Mitglied, hatte zunächst einen Vortrag aus seinem Fachgebiet zu halten, bevor das allgemeine Gespräch begann, und sodann für das leibliche Wohl zu sorgen. Die Tagespolitik sollte nicht behandelt werden. Der Vortragende hatte ein Protokoll seines Vortrags in ein Protokollbuch einzutragen. Diese Bände sind lückenlos im Bundesarchiv erhalten.

Mitglieder waren in den 1930er Jahren so berühmte Wissenschaftler wie der Chirurg Ferdinand Sauerbruch, der Physiker Werner Heisenberg, der Philosoph Eduard Spranger oder der Altphilologe Johannes Stroux. Vier damalige Mitglieder, der Diplomat Ulrich von Hassell, der Generaloberst Ludwig Beck, der Finanzexperte Johannes Popitz und der Nationalökonom Jens Jessen, wurden nach dem fehlgeschlagenen Attentat auf Hitler hingerichtet.

Der Schriftsteller Paul Fechter, der der Gesellschaft ebenfalls angehörte, beschrieb ihre Ziele später wie folgt:

> »In der Mittwochsgesellschaft wurde der Wille zu dem, was beste deutsche Kultur war, mit bewusster Spannung weitergetragen; jeder dieser Männer hielt in einer Zeit des Misstrauens gegen alles, was Geist hieß, diesen Geist auf seine besondere Weise und mit seinen besonderen Mitteln hoch. Kultur und Wissen des einzelnen sind [...] immer mehr zu fragmentarischer Existenz verdammt: in der Gemeinsamkeit dieser Schar von Menschen der verschiedensten Wissensbereiche ergab sich für Momente in der Ausweitung des eigenen Weltbildes durch die Mitteilungen eines anderen das Gefühl des Teilhabens am sonst Unbetretenen, beinahe Unbetretbaren [...] für Augenblicke stieg wieder einmal wenigstens der Schatten der alten Sehnsuchtsidee einer Universalität des geahnten Wissens auf.«[2]

Fünfzig Jahre später, 1996, haben Marion Gräfin Dönhoff und Richard von Weizsäcker die Mittwochsgesellschaft wiederbegründet und ihre Tradition fortgeführt. Die Ausweitung des eigenen Weltbildes durch die Mitteilungen eines anderen – das war der hochgespannte Maßstab und die Erwartung, an der die Hamburger Freitagsgesellschaft gemessen wurde, das war vollkommen klar.

Helmut Schmidt bat die handverlesenen Mitglieder am 11. Oktober 1985 zum ersten Mal und dann alle vierzehn Tage freitags in sein Privathaus nach Langenhorn, und Loki Schmidt war die Gastgeberin.[3] Nach ihrem Tod 2010 übernahm Helmut Schmidts neue Lebensgefährtin Ruth Loah, seine langjährige vertraute Mitarbeiterin, diese Rolle.

Ende Februar 2015 erhielten die knapp zwei Dutzend Mitglieder einen Brief, der dem Absender Helmut Schmidt sicherlich nicht leichtgefallen ist. Die Freitagsgesellschaft ist Vergangenheit: »Mein fortgeschrittenes Alter erlaubt es mir nicht, weiterhin Gastgeber und Organisator unserer Gesellschaft zu sein. Ich freue mich auf die letzten beiden Abende.« Gemeint war die 182. Sitzung mit dem Referenten Ulrich Ladurner, einem »Zeit«-Redakteur, und dem Thema »Wohin geht Pakistan?«. Für das Finale, die 183. Sitzung am 10. April 2015, hatte sich Steffen Angenendt, Senior Associate der Stiftung Wissenschaft und Politik, bereit erklärt, zum Thema »Europa als Zielland für Einwanderung« vorzutragen. Mit Ablauf dieser Sitzung war die Freitagsgesellschaft aufgelöst.

Helmut Schmidt erinnerte die Mitglieder in einem Rückblick an die große Vielfalt der Themen, die in den vergangenen dreißig Jahren vorgetragen und diskutiert wurden. Es ging um politische und ökonomische, aber auch um kulturelle, wissenschaftliche und gesellschaftliche Fragen:

> »Für die politischen Themen waren hauptsächlich Manfred Lahnstein, Alfons Pawelczyk, Wolfgang Peiner, Volker Rühe, Henning Voscherau und ich zuständig. Über ökonomische Fragen gaben kenntnisreich Klaus Asche, Michael Otto und

Max Warburg Auskunft. Von Hauke Trinks, Volker Soergel, Reimar Lüst und Heiner Greten wurden wir über wissenschaftliche Fragestellungen und Entwicklungen informiert. Kulturelle Themen waren bei Katharina Trebitsch, Martin Willich und Helene Liebermann gut aufgehoben. Hans-Jochen Jaschke bereitete religiöse Fragestellungen für uns auf. Natürlich spielten auch immer wieder künstlerische und literarische Themen eine Rolle. Ich denke hier an die Vorträge von Justus Frantz, Klaus Fußmann, Heinz Spielmann und insbesondere an die vielen literarischen Fragestellungen meines im letzten Jahr verstorbenen Freundes Siggi Lenz. Im Tode sind ihm meine Ehefrau Loki Schmidt, die ein Vierteljahrhundert unsere Gastgeberin gewesen ist, und unsere Mitglieder Tyll Necker, Thea Schönfelder, Gerhart Laage, Peter Schulz und Ursula Lingen vorausgegangen. Wir haben sie alle sehr vermisst.«

Helmut Schmidt hob zugleich die prominenten Gastreferenten hervor, die in diesem Kreis vorgetragen hatten – Richard von Weizsäcker und Horst Köhler, Hans Küng, Wolfgang Schäuble, Martin Schulz, Hubert Markl, Jürgen Flimm, Jean-Claude Trichet und viele andere.

Die Freitagsgesellschaft hat sich nicht nur, mit Justus Frantz am Klavier des Hausherrn, mit der Zwölftonmusik oder der Entwicklung der Klaviermusik Beethovens befasst. Es ging durchaus auch um sehr umstrittene Themen, etwa den Nato-Doppelbeschluss, das Kernstück der Bündnispolitik, für die Helmut Schmidt als Bundeskanzler stand. Sein Freund Siegfried Lenz hat sich 2013 in einem Gespräch mit Helmut Schmidt an diese politisch dramatische Zeit erinnert: »Auch in der Freitagsgesellschaft, auch bei uns zu Hause, wann immer und wo immer, das war ein ständiges Thema, das uns andauernd beschäftigte und herausforderte.«

Natürlich lag darin auch eine Belastung für seine Freundschaft mit Helmut Schmidt, denn die prominenten Literaten der Republik hatten sich im Lager der Doppelbeschluss-Gegner versammelt, machten daraus eine Frage der politischen Moral und huldigten Willy Brandt, der sich an die Spitze der Friedensbewegung gestellt hatte – und nicht Schmidt, dem »Raketenkanzler«.

Siegfried Lenz nahm damals, seiner eigenen Bekundung zufolge, Urlaub von seiner Existenz als freier Schriftsteller und zog in den Wahlkampf: »Politik hat für mich – das ist sicher sehr biedermännisch – etwas mit unbedingtem Vertrauen zu tun. Deshalb habe ich meinen Mitbürgern zu erklären versucht, warum Helmut Schmidt der Mann ist, der mein unbedingtes Vertrauen besitzt. Das war das Fazit meiner Bekenntnisse in zahlreichen Auditorien.«[4] Als der Moderator des Gesprächs, der Literaturkritiker Jörg Magenau, die Frage nachschob, ob das »auch für die Raketenfrage« gegolten habe, fügte Lenz hinzu: »Ja. Man kann das nicht auseinanderdividieren, das und das und das.« Magenau erinnerte Lenz daran, dass er 1982 einen Text über das Thema »Angst – ein politischer Faktor« geschrieben und auch Helmut Schmidt geschickt hatte. Das sei doch »ein kleines Indiz« dafür gewesen, dass er durchaus Bedenken gegen die Nachrüstung gehabt habe, denn er habe ihm darin erklärt, »was die Angst für die Menschen bedeutet, die die atomare Katastrophe fürchteten«.

Lenz mochte das so nicht gelten lassen:

> »Den Text schickte ich ihm, weil ich Helmut Schmidt als einen Mann, einen Freund zu kennen glaubte, dem etwas dezidiert fremd ist: Angst. Er ist kein Mann, der sich von Angst beeinflussen lässt. [...] Erklären musste ich ihm nichts. So wie ich ihn kenne, lässt er sich nur ungern etwas erklären, weil er das, worauf es ankommt, schon zu wissen scheint. Scheint. Aber das schließt nicht aus, dass er sich im Lauf der Zeit selbst korrigiert.«[5]

Die Frage, weshalb Siegfried Lenz seinem Freund Helmut Schmidt den bewussten Text über die Angst wirklich geschickt hat, bleibt also offen. Man muss sich dabei das über viele Jahre gewachsene, sehr enge Vertrauensverhältnis vor Augen halten, das die Ehepaare Siegfried und Lilo Lenz und Helmut und Loki Schmidt verband, mit regelmäßigen gegenseitigen Besuchen am Brahmsee und in Tetenhusen zwischen Rendsburg und Schleswig, wo Lenz ein Sommerhaus besaß. Vieles spricht dafür, dass es sich um einen Text gehandelt hat, der nicht nur die Ängste der Friedensbewegung thematisieren, sondern auch eine gewisse Alibifunktion erfüllen sollte. Beides bedurfte keiner Rechtfertigung bei Helmut Schmidt.

In diesem Gespräch mit Siegfried Lenz hat Helmut Schmidt die heutige Politikergeneration ermahnt:

> »Ein Politiker, der Verantwortung trägt, muss über den Tag hinaus die Zukunft einbeziehen. Er muss in längeren Zeiträumen denken können. Möglicherweise aus dem Instinkt, möglicherweise aus dem Nachdenken. Er muss über sich hinausdenken – ohne Rücksicht auf seine Interessen oder die eigene Karriere oder die eigene Zukunft. Ein Politiker, der dieses Risiko nicht tragen möchte, taugt nichts. Aber heute gibt es massenhaft Opportunisten.«[6]

Auch Helmut Schmidt hat in seinem langen Lebensweg zuweilen opportunistisch gehandelt, und er bestreitet das auch nicht. Aber zugleich kann er für sich in Anspruch nehmen, dass er in politischen Entscheidungssituationen, die ihm enorme Risiken aufbürdeten, konsequent und unbeirrbar an Grundsätzen festgehalten hat, zu denen er nach sorgfältiger Analyse und Bewertung der Sachlage gelangt war. Dabei war ihm eine Rolle stets zuwider – ein »Macher« wollte er nie sein, und er hat sich gegen dieses Attribut, das ihm schon nach seiner Leistung während der Hamburger Flutkatastrophe angeheftet wurde, häufig mit Nachdruck zur Wehr gesetzt. Als der Literaturkritiker Fritz J. Raddatz während einer Diskussion (vergleiche auch Seite 194) auf dieses Klischee des »Machers« zurückkam und meinte, dies komme »ja nicht von ungefähr«, reagierte Helmut Schmidt allergisch und empört und verwahrte sich gegen derlei »Frechheiten«.[7] Wenn er aber die Rolle des »Machers« immer wieder zurückgewiesen hat, stellt sich die Frage: Welchen Politikertypus hat er dann verkörpert? Seine Antwort:

> »Der Politiker als Kategorie ist eine Unmöglichkeit. Da werden viel zu viele verschiedene Typen unter einem Begriff zusammengefasst. Das ist ein schlechter Begriff. Staatsmann ist auch ein einseitiger Begriff. Es gibt ja auch verschiedene Phasen im Leben eines Einzelnen. Ich habe mich nie als Politiker empfunden. Ich habe mich als Mann des Staates empfunden, oder besser: als Mann des Gemeinwohls, im Sinne Ciceros.«[8]

Gemeint ist damit der von Marcus Tullius Cicero (106–43 v. Chr.) überlieferte Grundsatz »Salus publica suprema lex«, nach dem das Gemeinwohl das oberste Gesetz sein soll. Indessen ist die Berufung auf diesen großen römischen Politiker, Redner und Philosophen als politisches Vorbild nicht unproblematisch. Ciceros Leben und Tod lehrten, wie nah in der Politik höchste Wertschätzung und glühender Hass beieinanderliegen können.

Das Nachdenken über die Pflichten und Tugenden eines Staatsmannes hat Helmut Schmidt nicht nur beschäftigt – es hat ihn umgetrieben, jedenfalls in den dramatischen Phasen seiner langen politischen Laufbahn. Dieses Ringen um die Frage, welchen moralischen Kategorien das eigene Handeln in der politischen Verantwortung genügen muss, hat eine späte Würdigung erfahren. Am 19. Juli 2006 verlieh die Philipps-Universität Marburg dem Altbundeskanzler die Ehrendoktorwürde der Philosophie und begründete dies wie folgt:

»Das der Aufklärung verpflichtete Fach Philosophie erkennt in Helmut Schmidt den Philosophen im Politiker. Sein Handeln zeigt eine sichere Orientierung an den Prinzipien unabhängigen Vernunftgebrauchs, moralischer Selbstverpflichtung, kritisch rationaler Situationsbeurteilung und pragmatischer Ausrichtung an der Reichweite menschlicher Vernunft und politischen Handelns. Sein unermüdliches Plädoyer für Vernunft und Verantwortung im Handeln lassen, wo die akademische Philosophie theoretisch bleibt, Philosophie für die Menschen praktisch werden.«[9]

Diese Ehrung blieb indessen nicht ohne politischen Zwist, denn es meldeten sich sogleich universitätsinterne Kritiker zu Wort, die gegen die Verleihung der Ehrendoktorwürde an Schmidt aufbegehrten. Ihrem Protest war kein Erfolg beschieden.

Die »Reichweite menschlicher Vernunft« – dieses Thema betraf den Kern der grundsätzlichen Fragestellungen, die Helmut Schmidt beschäftigten. Er kannte den berühmten Lehrsatz von Immanuel Kant: »Die Notwendigkeit, zu entscheiden, reicht weiter als die Möglichkeit, zu erkennen.« Seine Erfahrungen in der Politik boten ihm hinreichend Gelegenheit, diese These zu überprüfen.

Das Ergebnis formulierte er in einem Interview mit der »FAZ« aus Anlass seines 90. Geburtstages. Das Blatt bat ihn, einer Anregung des Altbundespräsidenten Roman Herzog zu folgen und diesen Satz von Kant zu kommentieren. Seine Antwort war sehr differenzierend:

»Das ist ein sehr interpretationsbedürftiges Wort. Es kommt darauf an. Es gibt Fälle, in denen die Möglichkeit, zu erkennen, weiter reicht als die Notwendigkeit, zu entscheiden. Wenn Sie machtlos sind, haben Sie nichts zu entscheiden. Sie haben zwar erkannt: Hier gibt es ein großes Problem; aber da Sie machtlos sind, ist Ihre Meinung völlig gleichgültig. Die Notwendigkeit

Ihrer Entscheidung ist gar nicht gegeben. Die Erkenntnis liegt vor. Umgekehrt: Für einen Politiker gibt es häufig die Notwendigkeit, zu entscheiden, ohne dass er überzeugt sein kann, alle notwendigen Entscheidungsumstände ausreichend erkannt zu haben. […] Ich bin nicht sicher, dass dieses Zitat für jeden Menschen, für jede Situation, in jeder Lebenslage zutrifft.«[10]

Dieses vorsichtig abwägende Urteil ändert indessen nichts daran, dass Immanuel Kant (1724 – 1804), der große Philosoph der Aufklärung und des deutschen Idealismus, für Helmut Schmidt neben dem römischen Kaiser Marc Aurel (121 – 180) die zentrale philosophische Bezugsperson war und stets geblieben ist. Er selbst fand seine »philosophische Ausrüstung« zum Beginn seiner politischen Laufbahn »sehr dürftig«. Gewiss, er hatte im Krieg Marc Aurels »Selbstbetrachtungen« immer bei sich getragen, und dieses Werk des großen Stoikers hatte ihn »die Tugenden der Pflichterfüllung und zugleich der inneren Gelassenheit« gelehrt. Nur war damit die eigene Erkenntnis, was diese Pflichterfüllung von ihm verlangte, noch nicht verbunden.

Dazu verhalf ihm später Kants berühmter »kategorischer Imperativ« als Formel für das höchste Sittengesetz[11], das die Pflichterfüllung in den Mittelpunkt der sittlichen Wertordnung stellt. Er hatte als Kriegsheimkehrer Kants kleine Schrift »Zum ewigen Frieden« gelesen, die ihn tief beeindruckte, weil er daraus die Einsicht gewann, dass

> »der Friede zwischen Völkern und Staaten kein Naturzustand ist, sondern dass er immer wieder gestiftet werden muss. Im Übrigen haben mich Kants philosophische Hauptwerke viel weniger interessiert. Wohl aber habe ich seine drei prinzipiellen Appelle immer zu beherzigen versucht, nämlich: Selbst denken! Sich an die Stelle jedes anderen denken! Jederzeit mit sich selbst einstimmig denken!«[12]

Freilich ergibt sich, insbesondere bei einem Erzpragmatiker wie Helmut Schmidt, die Frage, ob er im konkreten politischen Handeln wirklich »Immanuel Kant [...] im Hinterkopf gehabt und zu Rate gezogen« habe, und diese Frage wurde ihm auch öffentlich gestellt, etwa in einem NDR-Interview 1989. Seine Antwort sagt viel aus über diesen Staatsmann:

> »Ja, bei vielen Entscheidungen, und bei vielen Entscheidungen durchaus bewusst. So während der Entführung Hanns Martin Schleyers und des Lufthansa-Flugzeugs, so in kritischen Situationen der Außenpolitik und der Sicherheitspolitik. Gerade Krisensituationen zwingen zur moralischen Reflexion und Selbstprüfung. Zwar kann der Politiker im Augenblick seines Handelns oder wenn er sein Handeln erklären und begründen muss, nicht gleichzeitig auch große Philosophie liefern. Aber sofern er ohne philosophisch-ethische Grundlage handelt, ist er in Gefahr, Fehler zu begehen. Er ist in Gefahr, in Opportunismus abzusinken. Er ist sogar in Gefahr, ein Scharlatan zu werden.«[13]

Anmerkungen

1 Klaus Scholder: Die Mittwochsgesellschaft. Protokolle aus dem geistigen Deutschland 1932–1944, Berlin 1982, 2. Aufl., S. 13.

2 Paul Fechter: Menschen und Zeiten, Gütersloh 1949, S. 371 ff.

3 Die Mitglieder der Hamburger Freitagsgesellschaft:

- Klaus Asche, früherer Vorstandsvorsitzender der Holsten-Brauerei AG, ehemaliger Präses der Handelskammer Hamburg, Vorstandsmitglied der »Zeit-Stiftung«
- Justus Frantz, Pianist, Begründer und ehemaliger Intendant des Schleswig-Holstein Musikfestivals
- Klaus Fußmann, Maler und Grafiker, ehemaliger Professor an der Hochschule der Künste Berlin

- Heiner Greten, emeritierter Ordinarius für Innere Medizin an der Universität Hamburg und Ärztlicher Direktor des Universitätskrankenhauses Eppendorf (UKE)
- Hans-Jochen Jaschke, katholischer Theologe und Weihbischof im Erzbistum Hamburg
- Gerhart Laage, Architekt und ehemaliger Präsident der Bundesarchitektenkammer (gest. 2012)
- Manfred Lahnstein (SPD), Manager und Unternehmensberater, ehemaliger Chef des Bundeskanzleramtes und Bundesfinanzminister, Vorsitzender des Kuratoriums der »Zeit-Stiftung«
- Siegfried Lenz, einer der erfolgreichsten deutschen Schriftsteller der Nachkriegszeit (gest. 2014)
- Helene Vida-Liebermann, französische Fernsehjournalistin, Witwe von Rolf Liebermann
- Ursula Lingen, deutsch-österreichische Theater- und Filmschauspielerin (gest. 2014)
- Reimar Lüst, Astrophysiker und Wissenschaftsmanager
- Tyll Necker, Unternehmer, ehemaliger Präsident des Bundesverbandes der Deutschen Industrie (BDI) (gest. 2001)
- Michael Otto, Unternehmer, Aufsichtsratsvorsitzender der Otto-Gruppe
- Alfons Pawelczyk (SPD), ehemaliger Innensenator und Zweiter Bürgermeister der Freien und Hansestadt Hamburg
- Wolfgang Peiner (CDU), Manager und ehemaliger Finanzsenator der Freien und Hansestadt Hamburg
- Volker Rühe, ehemaliger CDU-Generalsekretär und Bundesverteidigungsminister
- Helmut Schmidt
- Thea Schönfelder, Psychiaterin, ehemalige Ärztliche Direktorin des Universitätskrankenhauses Eppendorf (gest. 2010)
- Peter Schulz (SPD), ehemaliger Erster Bürgermeister der Freien und Hansestadt Hamburg und langjähriger Präsident der Hamburger Bürgerschaft (gest. 2013)
- Volker Soergel, Physiker, ehemaliger Professor für Physik an der Universität Heidelberg, ehemaliger Vorsitzender des DESY-Direktoriums
- Heinz Spielmann, Kunsthistoriker und Museumsmann
- Katharina Trebitsch, Film- und Fernsehproduzentin
- Hauke Trinks, Professor für Experimentalphysik an der Technischen Universität Hamburg-Harburg und ehemaliger Präsident dieser Hochschule

- Henning Voscherau (SPD), ehemaliger Erster Bürgermeister der Freien und Hansestadt Hamburg
- Max M. Warburg, Bankier, Mitinhaber des Bankhauses M. M.Warburg & Co
- Martin Willich (CDU), deutscher Politiker und Manager, ehemaliger Präsident der Hamburger Bürgerschaft, früherer Vorsitzender der Geschäftsführung Studio Hamburg

4 Siegfried Lenz: Gespräche unter Freunden, Hamburg 2015, S. 463.

5 Ebd., S. 462.

6 Ebd., S. 465.

7 Schmidt, Weggefährten, S. 112.

8 Lenz, Gespräche, S. 466 ff.

9 Henning Albrecht: »Pragmatisches Handeln zu sittlichen Zwecken«. Helmut Schmidt und die Philosophie, Bremen 2008, S. 13.

10 »Frankfurter Allgemeine Zeitung«, 23.12.2008.

11 Der Wortlaut: »Handle so, dass die Maxime deines Willens jederzeit zugleich als Prinzip einer allgemeinen Gesetzgebung gelten könne«.

12 Schmidt, Weggefährten, S. 122.

13 Ebd., S. 156.

Der es liebt, »im Sturm zu fahren«

Historische Größe, eine Nachbemerkung

Der Unterschied zwischen einem Politiker und einem Staatsmann besteht einem Bonmot zufolge darin, dass der eine nur die nächsten Wahlen, der andere aber das Schicksal der nächsten Generation im Blick hat. Helmut Schmidt hat politische Verantwortung stets im staatsmännischen Sinne wahrgenommen, und so wird er in die hamburgische, die deutsche, die europäische Nachkriegsgeschichte eingehen.

Diejenigen seiner Kritiker, die ihn als bloßen technokratischen Pragmatiker zu diffamieren suchen, stammen fast alle aus dem linken Lager. Sie stempeln ihn als »Macher« ab, der im Gegensatz zu Willy Brandt kaum etwas über die Bewältigung der Tagesprobleme hinaus anzubieten habe, jedenfalls keinen signifikanten Beitrag zu den geistigen und moralischen Grundlagen der Politik. Ihren peinlichen Höhepunkt erreichten diese Vorwürfe, als Schmidts damaliger Parteigenosse Oskar Lafontaine ihn am 15. Juli 1982 im »Stern« mit dem Argument zu diskreditieren suchte, mit den von ihm hochgehaltenen »Sekundärtugenden« könne man auch ein KZ betreiben. Ein distanzierender Leserbrief an den »Stern« vom 22. Juli 1982 änderte daran nichts. Das war nicht nur eine Entgleisung. Es war eine Ungeheuerlichkeit, auch wenn Helmut Schmidt mit seiner saloppen Bemerkung »Wer Visionen hat, der soll zum Arzt gehen«[1] seinen innerparteilichen Kritikern ein Stichwort geliefert hat, das er besser vermieden hätte.

Was ein Politiker taugt, zeigt sich spätestens dann, wenn sein Realismus, sein Weitblick auf die Probe gestellt wird. Helmut Schmidt braucht das Urteil der Historiker nicht zu scheuen – auch und gerade im Hinblick auf die eigene Partei, die SPD. Am 7. und

8. Dezember 1981 warnte er den Parteivorstand und die SPD-Bundestagsfraktion:

> »Wenn das Augenmaß für das Mögliche überwuchert wird von der Leidenschaft für das Wünschbare, wenn endzeitliche Angstmacherei zu falschen Ratschlägen führt, wenn die Selbstdisziplin einer nüchternen Analyse von Opportunismus zersetzt wird [...], dann bringen wir die FDP in die Lage, allein darüber zu bestimmen, wer in Bonn regiert. [...] Wer am liebsten die Koalition aufkündigen will, der muss wissen, dass es anschließend Jahrzehnte dauern wird, bis wir in die Regierung zurückkehren! [...] Diktaturen neigen zum Mord, Demokratien neigen zum Selbstmord. [...] Lasst es nicht zu, dass die SPD Selbstmord begeht!«[2]

Es half nichts, die SPD wollte die Mahnung nicht hören. Sein Nachfolger, der konservative Bundeskanzler Helmut Kohl, regierte sechzehn Jahre.

Helmut Schmidt hat seiner Vaterstadt Hamburg in der schweren Krise nach der Sturmflut 1962 ein leuchtendes Beispiel der Tatkraft und Pflichterfüllung gegeben. Er hat die Bundesrepublik Deutschland mit großer Umsicht durch die weltwirtschaftlichen Turbulenzen zweier Ölkrisen geführt. Die Herausforderungen des Terrorismus hat er in ihrer schlimmsten Phase gemeistert. Mit dem von ihm herbeigeführten Nato-Doppelbeschluss hat er die Bündnispolitik geprägt, und die massiven innenpolitischen Auseinandersetzungen um die Nachrüstung hat er durchgestanden, obwohl seine eigene Partei ihm die Gefolgschaft verweigerte.

Diese Standhaftigkeit war, wie wir heute wissen, eine Voraussetzung für den Zusammenbruch der Sowjetunion, für das Ende der Teilung Europas und damit für die deutsche Einheit. Werden die Historiker ihn angesichts dieser Leistungen zu den »Großen« seines Jahrhunderts zählen?

Historische Größe verlangt Weitblick im Denken und Handeln. Sie erfordert Charisma, das nachwirkt, über den Tod hinaus, und eine emotionale Verankerung bei den Menschen, die sich auf Vertrauen stützt. Beides als Folge einer Leistung, die den Zustand eines Volkes durchgreifend und dauerhaft zum Guten verändert hat.

Doch damit allein ist »Größe« als historische Zuordnung und Bewertung noch nicht erklärt. Jacob Burckhardt (1818 – 1897) hat ihre Voraussetzungen in seinen berühmten »Weltgeschichtlichen Betrachtungen« untersucht.[3] In dem Teil »Das Individuum und das Allgemeine« verweist er gleich zu Beginn auf die »Fraglichkeit des Begriffes [...]; notwendig müssen wir auf alles Systematisch-Wissenschaftliche verzichten.« Gleichwohl sei der Begriff unentbehrlich, nur werde er eben relativ bleiben. Einer der Gründe dafür sei die »so häufig nachweisbar unwahre, ja unredliche schriftliche Überlieferung durch geblendete oder direkt bestochene Skribenten usw., welche der bloßen Macht schmeichelten und sie für Größe ausgaben.« Die ständig anwachsende Literatur über Helmut Schmidt bietet für solche »Skribenten« mancherlei bedenkliche Beispiele.

Jacob Burckhardt lehrt uns: »Die wirkliche Größe ist ein Mysterium. Das Prädikat wird weit mehr nach einem dunklen Gefühl als nach eigentlichen Urteilen aus Akten erteilt oder versagt; auch sind es gar nicht die Leute vom Fach allein, die es erteilen, sondern ein tatsächliches Übereinkommen vieler. Auch der sogenannte Ruhm ist dazu nicht genügend.« Er führt aus, dass Größe nichts mit den »sittlichen Idealen der Menschheit« zu tun habe, zum Beispiel in der Lebensführung, denn »das große Individuum ist ja nicht zum Vorbild, sondern als Ausnahme in die Weltgeschichte gestellt.«

Was Jacob Burckhardt über eine große Persönlichkeit sagt, möchte man Wort für Wort wie auf den Ausnahmepolitiker Helmut Schmidt gemünzt finden:

»Die Fähigkeiten entwickeln sich oder schließen sich wie selbstverständlich und vollständig auf mit dem Selbstbewusstsein und den Aufgaben. […] Abnorm ist seine Macht und Leichtigkeit in allen geistigen (und selbst leiblichen) Funktionen, im Erkennen sowohl als im Schaffen, in der Analyse wie in der Synthese. Dazu ist ihm eigen und natürlich die Fähigkeit, sich nach Belieben auf eine Sache zu konzentrieren und dann ebenso zu einer anderen überzugehen. […] Das große Individuum übersieht und durchdringt jedes Verhältnis, im Detail wie im Ganzen, nach Ursachen und Wirkungen. […] Es sieht zunächst überall die wirkliche Lage der Dinge und der möglichen Machtmittel und lässt sich durch keinen bloßen Schein blenden und durch keinen Lärm des Augenblicks betäuben. Von allem Anfang an weiß es, welches die Grundlagen seiner künftigen Macht sein können. Gegenüber Parlamenten, Senaten, Versammlungen, Presse, öffentlicher Meinung weiß es jederzeit, wie weit sie wirkliche Mächte oder bloß Scheinmächte sind, die es dann einfach benützt. […] Sodann aber weiß es den Moment des Eingreifens im Voraus, während wir die Sachen erst hernach aus den Zeitungen lernen. […] Endlich als kenntlichste und notwendigste Ergänzung kommt zu all diesem die Seelenstärke, welche es allein vermag und daher auch allein liebt, im Sturm zu fahren.«

Das sind Sätze, die sich wie ein Psychogramm des Politikers Helmut Schmidt lesen.

Es ist die Summe all dieser Eigenschaften und Fähigkeiten, die uns im Hinblick auf diesen Mann in die Lage versetzt, Jacob Burckhardts »Mysterium Größe« näherzukommen, auch wenn wir uns der Mahnung des Thomas von Aquin bewusst sind: »Individuum est incommunicabile«, das Wesen des Menschen ist letztlich nicht mitteilbar und von unauslotbaren Tiefen. Werden die Historiker und werden die Deutschen, die Europäer Helmut Schmidt zu den Großen seiner

Zeit rechnen? Vieles spricht dafür. Er hat die Grundlagen dafür gelegt, dass sich der Kontinent tiefgreifend verändern und seine Spaltung überwinden konnte.

Anmerkungen

1 Vgl. die Erinnerung Helmut Schmidts im Gespräch mit Giovanni di Lorenzo, in »Zeit-Magazin«, 4. März 2010.

2 Schmidt, Weggefährten, S. 128.

3 Jacob Burckhardt: Weltgeschichtliche Betrachtungen, Berlin, Stuttgart 1910, Neuausgabe Wiesbaden 2009, hier zitiert ab S. 249 ff. Burckhardts Vorlesung »Über das Studium der Geschichte« wurde von seinem Neffen Jacob Oeri später unter diesem neuen Titel herausgegeben.

Bildnachweise

© Ullstein bild: Cover, S. 14 (BPA), S. 16 (BPA), S. 18 (Sven Simon), S. 20 (Sven Simon), S. 33 (Sven Simon), S. 66 (Sven Simon), S. 80 (dpa), S. 98 (Keystone), S. 133 (Conti Press), S. 169 (C. T. Fotostudio), S. 189 (Kallabis)
© picture alliance-dpa: S. 29, 99, 148, 151, 184
© Werner Bartsch: S. 191
© J. H. Darchinger, Friedrich-Ebert-Stiftung: S. 165

Architekten- und
Ingenieurverein Hamburg (Hg.)
Hamburg und seine Bauten
2000–2015

720 Seiten
€ 68,-
ISBN 978-3-529-05152-4

Hamburg und seine Bauten

2000–2015

Der Titel ist Programm: Seit 1868 gibt der Architekten- und Ingenieurverband Hamburg in ununterbrochener Folge eine Serie von Bänden heraus, die Hamburgs Stadtentwicklung dokumentieren. Hamburg und seine Bauten erscheint somit nun schon zum neunten Mal. Das als Baulexikon benutzbare Werk gibt Überblick über alle wichtigen Bauprojekte Hamburgs aus den letzten 15 Jahren – und dokumentiert auf diese Weise, wie wesentlich die Attraktivität einer Stadt auch durch ihre Bauwerke bestimmt wird.